KAMINOGE 98

Cover PHOTO : KUNIYOSHI TAIKOU

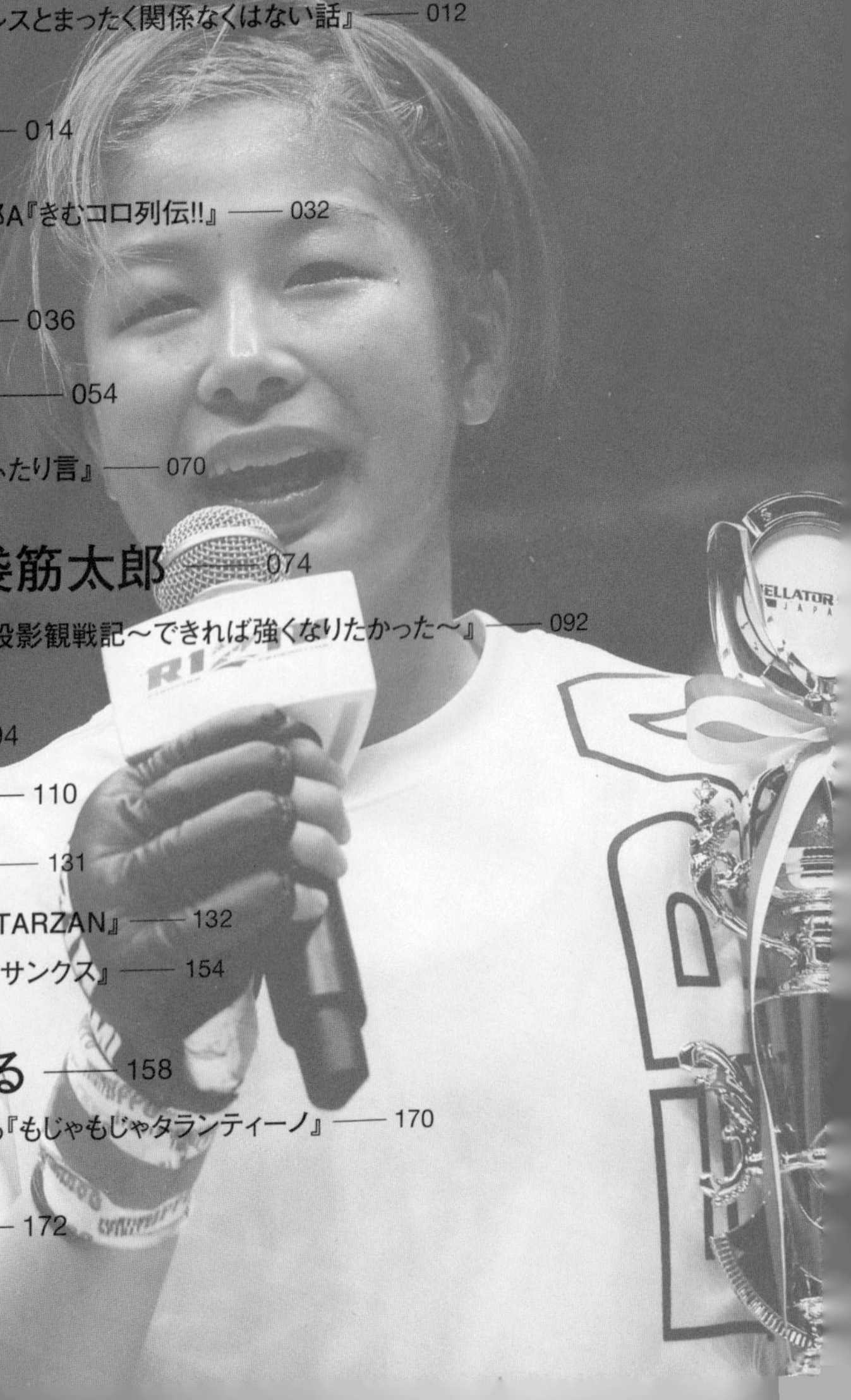

TRYIN' to GET OVER

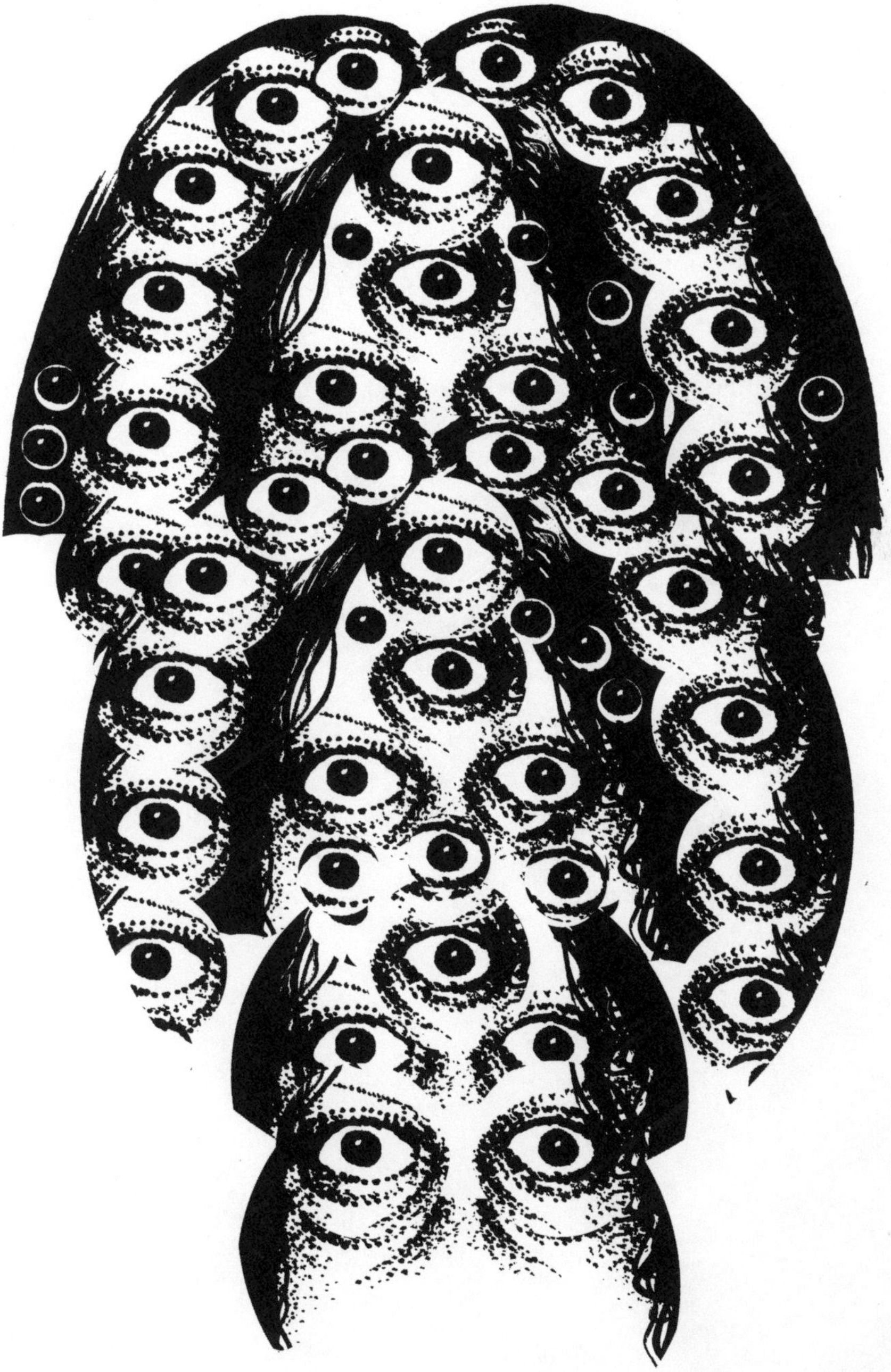

迷わずゆけば、その道の門番!!

人生に花が咲こうと咲くまいと、生きていることが花なんだ。
とりあえずやってみた、ただ闇雲にやってみた。
その一足がやがて道となった人を紹介するコーナー。

取材・構成：ビーバップみのる

第25回『男の潮吹き』

「ジェットコースターに乗って ドキドキしている余韻が残った状態で すぐにフリーフォールに乗る感じですね」

〝男の潮吹きの門番〟こと志田さん（45歳）
１９７４年生まれ、東京都出身。
今日のファッションのポイント：マフラー

「初めては21のときなんです」

——志田さんは〝男の潮吹き〟を３００回ほど経験されているとのことですが、その〝男の潮吹き〟について、そして志田さんがどういうつもりなのかを聞きに来ました。

志田　どういうつもりと言われても、たまたま潮を吹ける体質だったというだけなんですけどね。

——体質。

志田　はい。男の潮は射精したあとの男性器にさらに刺激を加えることで出ますから、くすぐったさに耐えられないと出せないんです。「やめろー!」って暴れちゃう人には吹けないですよ。

——潮を吹くのって気持ちいいんでしょうか。

志田　気持ちいいですね。

——潮を吹くのってどんな感覚なんでしょうか。

志田　そうですね、遊園地でジェットコースターに乗ってドキドキしている余韻が残った状態ですぐにフリーフォールに乗る感じですね。

――疲れそうですね。

志田　疲れますよ。興奮が大きければ反動も大きいですからクールダウンにも時間がかかるんですよ。翌日までボーっとするから次の日が休みじゃないと吹かないですね。

――なぜ吹くようになったのでしょうか。

志田　初めては21のときなんです。いまもあるかわかりませんが大阪の梅田にある『SPEED』というお店で経験しました。

――ご出身は関西ですか。

志田　いえ、東京の深川です。姉の婚約者の実家が兵庫でして、姉夫婦が大阪で結婚式を挙げることになったんですが、心配性の父から「式場の下見と打ち合わせにおまえも同席してこい」と頼まれて姉夫婦と大阪に行ったんです。式場での打ち合わせを済ませて姉夫婦と別れてから、父の会社の保養所が大阪の梅田にあったのでそこで1泊したんですけど、梅田は繁華街ですからちょっと浮かれましてね。「大阪 梅田 風俗」でネット検索をしていたら気になる言葉に出会ったんです。

――気になる言葉。

志田　はい。風俗店の女性の写真の上に書かれているキャッチコピーがあるじゃないですか。「エロエロお姉さん」とか「スタイル抜群！」「痴女」みたいな。その中に「射精の向こう側へ」というキャッチコピーがついた女性がいたんです。当時の私は童貞でしたし、ノーマルな風俗店に行った経験は2、3度ありましたけど、「射精の向こう側へ」というフレーズから何かを連想する想像力がなく、浮かれていたので変わった体験をしてみたくて「射精の向こう側へ」という自分の想像がつかないコピーに釣られてみたんです。で、お店に着いて順番を待っている間に店員さんから「あたたかいぬるま湯をどうぞ」ってコップに入ったぬるま湯を渡されたんです。

――ぬるま湯。

志田　はい。ぬるま湯を飲んでおいたほうがいいと言われたんです。いまなら潮を吹くと脱水症状になるから胃にやさしいぬるま湯か常温のポカリ（スウェット）を水と1：2で割って飲んでおいたほうがいいとわかりますけど、そのときはよくわからないままにぬるま湯を飲みました。ぬるま湯を飲んでから「射精の向こう側へ」というキャッチコピーがついた女性とのプレイが始まったんです。でも、なんの変哲もないノーマルなプレイだったんですよ。気持ちよかったですけど「普通だな」って。普通にフェラをしていただいて射精したんです。射精したので一息つこうとしたら、彼女が私に馬乗りになって自分の足と私の足を器用に絡ませて、私の下半身が動かないようにガッチリとホールドして「くすぐったくても我慢してね」と言って射精したばかりの私のカリ首を上下にコスりだしたんです。「やめてー、くすぐったいー」ってお願いしたんですけど「耐えないと射精の向こう側に行けないわよ！」ってカリ首をシゴく手を止めてくれなかったんです。

――うー。

志田　狂ってしまいそうなくすぐったさだったのですが、彼女がカリ首をコスっていた手を離して「あなたはこっちのほうが好きかもね」と言って、私の尿道口に手のひらを押しつけて手裏剣を投げるような動きで尿道口をコスってきたんです。手裏剣コスりをしばらく耐えていたら「なんか出そう」って感覚が来たので「出そうです」って言ったら「いいわよー」と言われたので出してみたら精子ともおしっことも違う透明な液体がビューッ、ビュッーって大量に吹き出したんです。それを見たお姉さんが「これが射精の向こう側よ。暴れて射精の向こう側に行けない人が多いけど、あなたは素質あるわよ」って言われたんです。当時、男の潮吹きという言葉自体がなかったので、その女性は男の潮吹きを「射精の向こう側」って言っていたんです。

——そこから潮吹きにハマったんですね。

志田　凄い経験をしたなという興奮を感じましたし、素質があると褒められて嬉しかったのですが、ハマれなかったですね。

——ハマれなかった。

志田　はい。男の潮吹きという言葉が世の中になかったので、東京に戻ってきてもお店を探せなかったんですよ。吹ける場所がないから吹かなかったんです。でも10年くらいしたらAVの影響で男の潮吹きという言葉が徐々に目につきましてね、風俗店でも見かけるプレイになったんです。だから21で初めて吹きましたけど、次に吹いたのは31なんです。

——吹かなかった10年間はつらかったんじゃないですか。

志田　吹かなきゃ吹かないでも大丈夫でしたよ。

——えっ⁉

志田　潮吹きに狂ってる男の話が聞きたかったですか？

「吹かせてくれる女性がいる限りは吹くでしょうね」

——300回ほど経験していると聞いたので、狂ってるのかと思い込んでいました。

志田　私、どうしても潮を吹きたいというほどでもないですよ。吹けるお店が増えたから吹けないよりは吹けるお店に行くほうがお得だなって程度の感覚ですよ。

——吹いても吹かなくても変化はないんですね。

志田　変化はありますよ。潮を吹くのは男性器に強い刺激を与えますから遅漏が進みますよ。私、8年くらい指名しているソープの女性がいるんですけど、すぐに中折れするのでフィニッシュは手コキなんです。でも長年指名していますから私が中折れしても「手でしようね♡」ってやさしくしてくれるのでありがたいです。潮も吹かせてくれますし。

——いい女性と出会いましたね。

志田　はい。去年のクリスマスは奮発して彼女をダブルで予約したんですよ。

——ダブル。

志田　はい。いつもの倍のプレイ時間なので4時間です。店外デートしてからプレイに入るコースです。

——おー。

志田　前日に彼女から「浅草の馬肉がおいしいお店を予約したよー」ってLINEもあって盛り上がったんですけど、私、予約当日に風邪を引いて熱が38度ちょっと出たんです。

——わー。

志田　具合が悪かったのでエッチする気になれなかったんですけど、当日キャンセルは彼女に失礼ですから浅草の馬肉屋さんに向かったんです。

――はい。

志田　馬肉屋さんに着いたら彼女がクリスマスプレゼントをくれましてね（ニコニコ）。

――何をもらったんですか。

志田　このマフラーです（ニコニコ）。上野松坂屋の手提げ袋に入っていたので5、6千円するいいやつだと思います。

――いいのもらいましたね（ニコニコ）。

志田　はい。嬉しくて元気出ましたね。馬肉もおいしかったし。

――元気が出ていい潮吹きができたんじゃないですか。

志田　いや、プレイを楽しむほどの元気はありませんでした。

――残念ですね。

志田　そうでもないですよ。エッチしなかったぶん彼女とたくさんおしゃべりができて楽しかったんです。お金を払わないでおしゃべりできたらもっと楽しいだろーなとは思いましたけど。

――……。

志田　……。

――志田さんはこれからも潮を吹いていくんでしょうか。

志田　吹かせてくれる女性がいる限りは吹くでしょうね。

――生まれ変わっても潮を吹きたいですか。

志田　吹きたくないですよ（ドン！と机をたたく）。私、前立腺も開発済みなので射精しないで絶頂するドライエクスタシーもたくさん経験してますけど、女性とイチャラブしながら絶頂したことがないんです。だから生まれ変わったらイケメンになって女性とイチャラブしたいです。潮吹きも前立腺もいらないです。私と女性が互いに穏やかな気持ちで絶頂したいです。

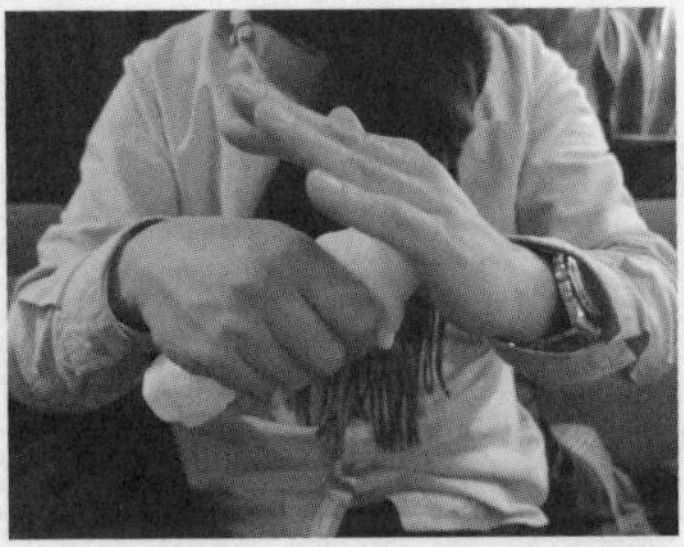

――最後にお聞きしますが、志田さんにとって男の潮吹きとはなんでしょうか。

志田　うーん……ふかひれラーメンです。

――ふかひれラーメン。

志田　はい。一般的によく食べるラーメンを射精だとしたら潮吹きはフカヒレラーメンです。

――どういうことでしょうか。

志田　ラーメンはおいしいからわざわざフカヒレを入れなくてもいいじゃないですか。

――でも志田さんはふかひれラーメンを食べる人ですよね。

志田　食べますけど、私はたまたま入ったラーメン屋のメニューにふかひれラーメンを見つけただけですよ。普通のラーメンと変わらない値段でふかひれラーメンがあったので、挑戦してみたら口に合ったんです。メニューにあるからたまに食べているだけですよ。

――志田さん、今日は男の潮吹きについて教えていただきありがとうございました。

俺の人生にも、一度くらい幸せなコラムがあってもいい。

第97回『プロレスの様相』とは何か?

プチ鹿島

年末年始もプロレスについて考えることがたくさんあった。まず「AI美空ひばり」はあまりにもプロレス心がないと思いませんか? 大晦日のNHK紅白歌合戦に「出場」した「AI美空ひばり」さんのことです。NHKはひばりさんが現役の頃は親族のコンプライアンスを問題視して紅白には出さなかった。そんな過去があるのにAIならすんなり出すってNHKはムシがよすぎではないか?

でもここで私は気づいたのだ。「AI」に足りないものとは何か? それは「めんどくささ」である。

たとえばプロレス界ではレスラー同士が憎しみあい、感情がすれ違い、袂を分かちあうことは多々ある。しかし長い時間が経つことでまた同じリングに上がることもある。ファンはその光景を見て「ああ、見続けてよかった」と感動する。いままでの時間は無駄ではなかったと人生の素晴らしさを感じるのである。しかし「AI美空ひばり」にはそういう〝溜め〟がないのだ。生身のめんどくささを見事にスルーしている。決定的にプロレス心がない。

つまり生身の人間は厄介なのである。感情が激突してめんどくさい。しかしだからこそ、そのしがらみを乗り越えて何かが生まれたとき観客は心を動かすのだと思う。

それは皆の人生を「引き受ける」ことでもある。今回のNHKは美空ひばりの人生を何ら引き受けていなかった。背負っていなかった。AIの超合理的な技術に頼っただけでつるんとしただけだった。そこに泥臭さはない。人間の短所は長所にもなるのに。

もし紅白にチャンスがあったなら美空ひばりさんがまだ生きていた頃だった。

NHKが「過去にいろいろありましたが、最後にもう一度出てくれませんか」という交渉をしたなら当時の人々は夢を抱いたはず。ひばりさんも意地があるだろうから簡単にはオーケーしない。

でも、そんな感情の激突を超え紅白に登場したら視聴者は恩讐の彼方に心を動かされたに違いないのだ。これはもう「興行論」である。泥臭さを含んだ寛容なプロレス心。

ここ数年の新聞を眺めて実感するのは「AIが来るぞー」とでもいうべき、おじさんの不安・怯え・落ち着きのなさである。

そこで最後に繰り出されるお約束の呪文は「人間にしかできない能力を磨きながら、AIを適切に活用する新たな社会を作っていきたい」（読売新聞・社説2019年5月6日）という言説だ。

しかし、そんな御大層なことを言わなくてもヒントはプロレスにある。観客は何を見ているのか。最終的には「人」であり「めんどくささ」であると思うからだ。混沌を愛しつつ、それらを超えた瞬間も見たい。AIに足りないものはプロレスにある。

さてそんなプロレスだが、年明け早々にまたしても「誤用」されている場面を見てしまった。まず前提を説明しよう。米軍がイラン革命防衛隊の司令官を殺害したことから一気に世界は緊迫した。これで戦争になってしまうのかと思いきや、お互い踏みとどまった。やはり両国は戦争はしたくないため、報復攻撃の規模や場所も限定的だったのだ。この話題を報じていたあるネットのニュース番組は「プロレスの様相も！米&イラン次の一手は？」というテロップを出していたのだ。一瞬ではなく長時間にわたって……。私は呆れてしまった。

またしても「プロレス」という言葉の完全な誤用である。つまりこの番組は「本気で戦争をすると思ったら、お互いに手を抜いている」という意味で「プロレスの様相」という言葉を使っていたのだ。ちゃんちゃらおかしい。

じつはこのとき私は同じ時間帯にテレビで逆の話をしていた。「お互い戦争をしたくないが自国民の手前、報復攻撃をせざるを得ない。だからアメリカもイランもギリギリの選択をしている」という解説を聞いた私は、死や緊迫感を前にして問われるのはまさにトランプ大統領のセンスであり「アドリブ力」ではないか？　と問うたのだ。

一秒一秒に選択が問われる究極の緊迫感。そのとき私の念頭には当然「プロレス」の凄さが浮かんだ。しかしどうだろう、同じプロレスという発想でも「手を抜く、茶番、馴れ合い」とまったく逆の意味で使ってしまう番組があったのである。完全に誤報だ。ネット番組なんてその程度のものと言う人もいたが「観客」を前にしている以上、ネットだろうが地上波だろうがその無知と杜撰さに対する言い訳はできないと思うのである。

どうしても今回の件を「プロレスの様相」と言いたいなら次の記事を読んでほしい。

《イランに限らず、トランプ外交は相手国から譲歩を引き出そうと、「予測不能性」を重視する。（略）それだけに、緊張関係の中でイランとの間で「読み違え」が発生し、本格的な軍事衝突につながる可能性は消えていない。》（朝日新聞1月10日）

どうだろうか。こういうヒリヒリ感、せめぎ合いのことでしょう、「プロレスの様相」という言葉をあえて使いたいなら。

いろいろ書きましたが今年も宜しくお願い致します。

プチ鹿島（ぷち・かしま）1970年5月23日生まれ。芸人。
テレビ朝日系『サンデーステーション』（日曜午後4時30分～）レギュラー出演中です。

キミはもう"セーブ"したか?

長州力
@rikichannel1203

こら💥山本❗取材の時間長いぞ❗💥
昔の写真使って小力とかに喋らせて、
長州さんに聞きましたとかで、お前が
適当に書いとけばいいだろ、、、⁉

19:33 · 2020/01/11 · Twitter Web App

4912件のリツイート **1.7万**件のいいね

長州力 @rikichannel1203 · 2019/12/26
一日の出来事を短く書き込むのは無理があり
ますね🔥❗ところで源ちゃんいますか❓
34 4157 9651

長州力 @rikichannel1203 · 2019/12/26
え、、誰
20 2022 5564

長州力 @rikichannel1203 · 2019/12/26
なんだ、長い文章は書けないのか❓こいつは
不便ですね❗💥
128 1.3万 4万

長州力 @rikichannel1203 · 2019/12/25
はい。またあした❗
3 480 2140

長州力 @rikichannel1203 · 2019/12/25
💥
7 571 2214

長州力 @rikichannel1203 · 2019/12/25
いまどうしてる?
65 3215 7793

リングを降りてもど真ん中！
「長州力のSNS革命」

2019年12月25日、街はクリスマスで浮き足立っているとき。長州力が突如ツイッターでつぶやいた。「いまどうしてる？」と。それ以降、特定の個人に宛てた伝言板のようなツイートなど、独自すぎる投稿を展開して大衆を魅了し続けているが、本誌は「いったいどういうつもりなのか」を本人に直撃。すると、なんとYouTube出撃宣言まで飛び出したのだった！

プロレスとまったく関係なくはない話

第56回 長州力のツイートが素敵すぎる

兵庫慎司

2019年12月25日にスタートした、長州力のツイッターが斬新すぎる。何が斬新って、長州、ツイッターをメールもしくはLINEとして使っているのだ。つまり、フォロワーのみなさんに対してではなく、自分と面識のある特定の個人に、何かを伝える場として活用しておられるのである。

いや、そういうツイートだって、あったっていい。たとえば。

《ライガーおつかれさま》（1月5日）

これはわかるし、ありですよね。

《中西本当にお疲れ様！ 駆と二人でスカウトしたのが懐かしいです！ 練習も本当によくやってました！ 良く頑張りましたよ！ お疲れ様でした！》（1月7日）

これもわかるしありだ。しかし。たとえばこんなツイートも長州はするのである。いや、こんなツイートのほうが多いのである。

《慎太郎いますか？ 連絡ください⁉》（12月27日）

長州の娘さんの配偶者が慎太郎であることを知っている人にしかわからない。僕だって本誌の長州のインタビュー（カメラマンは慎太郎）を読んでいなければ、知らなかっただろう。よかった、本誌の読者で。

ただし、このツイート、「いますか？」、つまり「このツイートを見ていますか？」と相手に問いかけているだけ、まだいいほうだとも言える。長州、普段は、自分をフォローしている人が即座にツイートを見るわけではないし、見ないことだってある、という可能性を、無視しているのだ。

「栗ちゃん、少しおくれるかもわかんない‼ 先にいってうまくアゴまわしといてください！ すみませんね」（12月28日）

「栗ちゃん」がツイート直後にこれを見ていればいいが、と、心配になるばかりだ。あと、「アゴまわす」って、なんだろう。

《武田君！ 正男は間違いなくニューヨークのトランプだよ！ 武田君よいお年を》（12月27日）

「武田君」？ リプライを見たところ、「ありがとうございます。長州さんもどうぞ良いお年をお迎えください」と、ノア社長の武田有弘が応えていて、「あ、この人か」とわかりました。でも、「正男」がタイガー服部のことだなんて僕もわからなかったし、「ニューヨークのトランプだよ」というのも謎だ。こういう喩えって、「日本のトランプ」とか、いうふうに使うべきものであってですね。「ニューヨークのトランプ」は、えーと、トランプ本人だと思います。

《わかりました。うまい具合にやってください！》（12月30日）

何を？　誰が？

《6日でもいいけどジムに行くので夕方になります、どこでもいいか！　前の日に時間で連絡を入れます》（1月3日）

「どこでもいいか！」と言われても。なお「時間で連絡を入れます」というのは、夕方というのが正確には何時になるか連絡を入れます、という意味なんでしょうね。

《ほんまかいな！　それなら少し気持ちも楽だね》（1月10日）

そうですか。ならよかった。

《武田くん！　敬司とかにハブを捕まえさせて泡盛の中にそれをぶん投げて10年漬けたものをファミリーマートで売ったら意外といけるんじゃないかな⁉》（1月6日）

また出たノア武田。武田、このツイートには反応していないようだが、代わりに武藤敬司が「滑舌も悪いですが、ツイッターの文章まで分かりづらいですね……」という言葉を添えてリツイート。そもそも、なぜファミリーマートなのか、そしてなぜそれを武田くんに伝えるのか意味不明だが、9日前の12月28日まで遡るとわかる。

《コンビニエンスのファミリーマートにあるナゲットなチキンや、コーヒーマシンは沖縄のファミリーマートから生まれたそうです⁉　そう武田くんから聞きました》。

なぜそんなことに詳しいのか、武田くん。

《アイリッシュマンを観てたら眠れなくなりました！　明日は1時間前に電話ください！　3回鳴らしてくれたらいいです！》（1月9日）

よかった、長州の電話番号を知らなくて。知っているみなさんは困ったと思う。だってこれ、「誰でもいいから電話で起こしてくれ」という意味合いかもしれないし。じゃあ電話したほうがいいのかな、でも「1時間前」が何時なのかわからないし……。

というふうにですね。ツイッターの使い方のセオリーを粉々にする長州のアナーキーさに、日々、目からウロコなのだった。

そして。先程も書いたように、この長州のツイートを読み解く上で、本誌読者であることは、とても大きなアドバンテージだが、もっともそれを実感したのは、1月2日のこのツイートだった。

《山本！　ジーエム送るにもお前の住所なんかしらないですよ…⁉》

「天山？」「ターザン？」という推測の声が、TLに飛び交っていた。無理もない。本誌・井上崇宏編集長のことをなぜか長州は「山本」だと思い込んでおり、ずっとそう呼び続けていることなど、読者じゃないと知らないだろうし。あ、「ジーエム」は「DM」のことですよね、山本編集長。

※付記：以上のテキストを送ったところ、山本編集長からこのような返信が。

「コラムありがとうございます！　次号長州力ツイッター特集です（笑）」

マジか！

兵庫慎司（ひょうご・しんじ）1968年生まれ、広島出身、東京在住。音楽などのライター。ユニコーン『服部』30周年記念本「ユニコーン『服部』ザ・インサイド・ストーリー」が、リットーミュージックから発売中。

昨年クリスマスに突如始めたツイッター。その革命的なつぶやきに世の中が騒然!!

長州力

[@rikichannel1203]

「ツイッターを始めたのは〝新しい自分探し〟ってやつ?
まあ〝新たな挑戦〟っていうか。山本は俺のアレをセーブしてるの? で、おまえは今年も新たな挑戦をしないで、あいかわらず『KAMINOGE』を作り続けるのか?」

収録日:2020年1月6日
撮影:タイコウクニヨシ
聞き手:井上崇宏

ホッピー(白・黒)
330
黒霧島
白水
二階堂
里の曙
650
ウーロン茶
緑茶
各320
各380
徳利
880
680
ワイン(赤・白)
ボトル
2950
グラス
580
まろやかめ
650

「楽しむなよ、おまえ。こっちは真面目に用事を伝えたい相手に向けて書き込んでんのに」

——長州さん、あけましておめでとうございます！

長州　あ？　ああ、山本か。そこに座れよ。ちょっと待っててくれ……（と険しい表情でスマホをいじっている）。

※あらためて説明しよう。長州さんは長年、聞き手の井上のことをどこでどう間違えたのか、ずっと〝山本〟と呼んでいるのだ。

慎太郎　すみません、力さんはいまツイートをしているところでして。

——おおっ、いま話題の。

長州　慎太郎、よけいなことを言うな。

※あらためて説明しよう。「慎太郎」は長州さんの長女の婿であり、職業はカメラマンだが、現在は長州さんのマネージメントのサポートもおこなっているのだ！

長州　ヨシッ！（とスマホを置く）。山本、今日もとぼけた顔してるな。

——このとぼけた顔はもう死ぬまでですよ。長州さん、いま、なんてツイートしたんですか？

長州　またそんな洒落た言い方を……。そんなおまえ、ツイッターを見ればいいことだろう。なんのためにツイッターがあるんだよ（笑）。

——あっ、すみません。拝見させていただきます。『蛇🐍』。なんですかこれは⁉（笑）。

長州　あ？　なんですかって、おまえ。山本、その前のやつも見てみろよ。

——え〜と、あっ、3時間前にもツイートしてますね。『武田くん！　敬司とかにハブ🐍を捕まえさせて泡盛の中にそれをぶん投げて10年漬けたものをファミリーマート🔅で売ったら意外といけるんじゃないかな⁉』。この「敬司」というのは武藤さんのことですよね？

長州　そうそう。だからいまのは「敬司！　さっそく蛇が出たぞ！　ほら、捕まえろ！」っていう。

——なるほど……!!

長州　いちいち説明させるなよ。わかるようなもんだろう。

——まったくわかりませんでした。それをなぜファミマで売るのかも意味不明ですけど。そもそも長州さん、どうしてツイッターを始められたんですか？

長州　あ？　今日はそういうアレ（話題）なの？　俺がツイッターを始めたことで何かおまえに迷惑かかってる？

——まったくかかっていないですし、むしろいつも楽しみにさせていただいてますね。

長州　楽しむなよ、おまえ。こっちは真面目に用事を伝えたい相手に向けて書き込んでんのに。

——やっぱり用事を伝えたい相手に向けてるんですね（笑）。

長州　で、ツイッターを始めた理由？　言ってもいいけど、言ったらおまえ絶対笑うだろ。

——笑いません。

長州　まあ、なんていうか、〝新しい自分探し〟ってやつ？

——自分探しでツイッターを始めたんですか？

長州　新しい自分探しってのはちょっと違うな。〝新たな挑戦〟っていう。山本、俺のアレ（アカウント）はセーブ（※フォローのこと）してるの？

——もちろんセーブさせていただいてます。

長州　ふうん。山本、おまえは今年はどうするんだよ。あいかわらず『KAMINOGE』を作り続けるの？

——まあ、そうなりますかね（笑）。

長州　真面目に言ってる？　執念深いよね、おまえも。悪口で言ってるわけじゃないけど。じゃあ、新たな挑戦はしないんだ？

——どうなんでしょう。長州さんは新年の誓いとか立てられましたか？

長州　新年の誓いなんてあるわけないだろう。なんか歳を食うと、時間の流れがよくわからなくなってくるな。1日が長いのか、短いのか。外に出て動いてるほうが時間が長く感じるし、何も用事がないときはあまり外に出たくないんだけど、そうして家の中にいるとすぐに時間が経っちゃう。今年もそういう毎日を過ごしていくんだろう、おそらく。ただし、大きな視点で見たら、俺には時間がなさすぎるな。

——時間がなさすぎるとは？

長州　山本、俺はいろいろとやらなきゃいけないことが多いんだよ。今年はいよいよ東京オリンピックをやるけども、俺は絶対になんか起きるような気がしてならないんだよ。それが災害なのか、どっかからミサイルでも飛んでくるのかわからないけど。

——いま世界情勢も緊迫してきましたし。長州さんがツイッターでセーブしてるのもトランプ大統領だけですが。

長州　やっぱり彼の動きは気になるね。かと言って彼の伝言を読んでるわけでもないし。

「俺がいまYouTubeで何にハマってると思う？もうね、俺はひさしぶりに目頭が熱くなったというか」

——トランプ大統領のツイートも読んではいないんですね。

長州　他人の伝言を覗き見したいという趣味は俺にはないしな。まあ、とにかく俺には時間がなさすぎる。おまえ、俺がツイッターを始めただけで終わるような男に見える？

——とても見えません。

長州　そうだよな。実際、俺がいまハマってるのはツイッターだけじゃないんだよ。

——ツイッターもあまりハマっているようには見えませんが……。長州さんがハマっているものってなんですか？

長州　言ったらおまえ笑うだろ。

——絶対に笑いません。

長州　ホントかよ。まあ、ＹｏｕＴｕｂｅ。

——あっ、こないだお会いしたときもＹｏｕＴｕｂｅの話で盛り上がりましたもんね。

長州　あ？　あれからも俺は好きでずっと観てるよ。聞いていい？　山本はＹｏｕＴｕｂｅで何を観てるんだ？

——バイオレンス系とかはひと通り観まして、いまは釣りとかですかね。

長州　ああ！　釣りは俺も観る！　用水路みたいなとこで網を張って何が捕まるかってやつとかもおもしろいよな。

——まさにそれです（笑）。

長州　でも釣りよりもハマってるやつがあるんだよ。ヒントほしい？　もうね、それを観て俺はひさしぶりに目頭が熱くなったというか。

——目頭が。なんですか？

長州　教えない。

——教えてくださいよ（笑）。

長州　まあ、ちょっと『一杯のかけそば』に近いね。

――『一杯のかけそば』に近い……。動物の親子愛的なやつですか？

長州　違う！　山本、演歌だよ。

――演歌ですか？

長州　あのイギリスのおばちゃんが出た凄い有名なアレ（番組）があるじゃん。素人が出て技術を披露するという……あのイギリスのおばちゃんはなんて名前だっけ。

慎太郎　スーザン・ボイルですかね？

長州　あっ、スーザン・ボイル！　で、あのアレはなんだっけ？

――スーザン・ボイルが出たのはイギリスのオーディション番組（『ブリテンズ・ゴット・タレント』）で、本家はアメリカのやつ（『アメリカズ・ゴット・タレント』）ですよね。

長州　それ。そのアメリカのやつに吉幾三が出たの知ってる？

――吉幾三が？　いや、知らないですよ。

長州　すっごいんだよ。

――えっ、あの番組に吉幾三が出たんですか？

長州　出てるんだよ！　たまたまＹｏｕＴｕｂｅでそれにたどり着いて観たんだけど凄かったな……。審査員も客もみんなスタンディングオベーションでワーッと泣いてんの。吉幾三は日本語で歌ってるんだぞ？　なのにアメリカ人がみんな泣いてる。

――へぇー。伝わってるんですね。

長州　伝わってるんだよ。どこにも歌詞の説明が出てないんだよ？　あれを観たとき、俺は本気で目頭というか胸が熱くなっ

たよ。また、その吉幾三の歌がいいんだ。『よしこ』っていう（※正しくは『と・も・こ・・・』）。山本、とにかく凄いからYouTubeで観てみな。俺はもう何回も観てハマっちゃってる。いや、マジでちょっといま観てみてくれない？

――はい、探してみます。

長州　しかし、吉幾三は歌がうまいよなあ。あれでラップもできるからな。

――あっ、ありました。『もしもIKZOが海外オーディションに出演したら』。これですよね？

長州　いや、俺はしょっちゅう観てるから観なくていい。おまえ、ひとりでじっくり観てみて。

「正男はニューヨークでホームレスっぽい生活をしてたんだよな。鼻をダラーッと垂らしながら」

――わかりました。

長州　どうだよ？

――（小声で）あれ？　これ、吉幾三がオーディション番組に出演してるふうにマッシュアップしてるオモシロ動画じゃん……。

長州　（目を閉じて）吉幾三の歌声が聴こえてくるだけでグッとくるな。

――（小声で）慎太郎さん……。

慎太郎　（小声で）まずいですね、これは……。

長州　あんなズーズー弁で客はどうやって歌詞の意味を知るのか……。俺、毎日風呂でこれを歌ってるよ。「♪貴方に～聞かせたかった～」って。途中から審査員も泣き出してるだろ？

――は、はい……。

慎太郎　（小声で）力さんにはこのまま内緒にしておいてください……。

――（小声で）ボクも言えないですよ……。あっ、同じ番組にさだまさしも出てますね。

長州　知ってる。さだまさしの歌もけっこうよかったよ。山本、俺がYouTubeをきっかけにしてハマったのは吉幾三と藤圭子の2人だよ。藤圭子もやっぱ歌がうまいよなあ。

――長州さん自身は歌を歌うのは好きなんですか？

長州　あ？　俺は歌わない。でも、こないだ知り合いからベースとアンプが送られてきたんだよ。「やってみたら？」ってことで。

――長州さん、バンドを組んだほうがいいんじゃないですか？

長州　何を言ってるんだ、山本！

――新しい自分探しの一環ですよ。

長州　とぼけたことを言うな。いきなりマッチがくれたんだよ。

――マッチって誰ですか？

慎太郎　歯医者の先生です。

長州　マッチはずっと音楽やってるからな。でも木藤先生だってめちゃめちゃうまいんだよ？　あれも相当練習してるよ。

――木藤先生って誰ですか？

慎太郎　山口の病院の先生ですね。

――すでに誰もが知ってる人みたいに話をされても……（笑）。

長州　マッチは自分の誕生日とかにライブをやるんだけど、行くといつも演奏自体は30分くらいで終わっちゃうんだよ。だけどその空白を埋めるマッチの軽妙なしゃべり！　マッチはしゃべりもうまいよ。

――曲はオリジナルですか？

慎太郎　ボブ・ディランとかサンタナのカバーですね。

――おお、長州さんも大好きなサンタナ。

長州　あっ！　マッチとか木藤先生たちをあのオーディション番組に出したらめっちゃおもしろいことになるぞ。慎太郎、番組に連絡してみろよ。

慎太郎　あっ、はい。ちょっと調べてみます。

――連絡しないくせに（笑）。

長州　山本、なんで俺がサンタナが好きか話したっけ？

――いえ、お聞きしてないです。

長州　なぜサンタナかっていったら、俺は大学を出てすぐにプロレスに入って海外に出たじゃん。俺らの体育寮時代っていうのは音楽といえば演歌とか軍歌だよ。『加藤隼戦闘隊』！　みんなで輪を作って「♪エンジ～ンの音！」って歌うんだよ。そんなところからいきなり海外に行ったもんだから、もうギャッ

プが凄かったよな。で、向こうの歌にハマっちゃったんだよ。

――それはラジオから流れてきたりしたんですか？

長州　いや、俺の師匠が凄かった。正男だよ。

――タイガー服部さんが音楽の師匠なんですか。

長州　正男は凄いよ。当時、アイツの向こうの家に行ったら壁にバーッと全部LPだから。それくらい正男は音楽が好きなんだよ。「アメリカかぶれしてんなあ」と思ったけどね。

――服部さんはレスリングの世界選手権で優勝したあとに渡米したんですよね。

長州　世界選手権を獲ったのが明治大学の学生だったときだよ。それからニューヨークに渡って、向こうでホームレスっぽいことをしてたんだよな。鼻をダラーッと垂らしながら。

――鼻を垂らしながら（笑）。

長州　マサ（斎藤）さんのうしろをズルズル鼻を垂らしながらついてって、全米を駆けずり回ってたんだよ。正男はマサさんが明治で4年生のときの1年生だからパシリみたいなもんよ。

――パシリをしながらめちゃくちゃレコードを聴いてたんですか（笑）。服部さんってハイカラですもんね。

長州　ハイカラ！（笑）。よくぞ出たな、そんな昭和の言葉が。

――いえ、ちょっと感覚を長州さんに寄せてみたんですけど（笑）。

長州　俺、デビューしたあとすぐに西ドイツに行って、それからタンパに入っただろ。そのタンパで正男と出会ってお世話をしてもらったんだよ。だから俺、その頃はいつも正男のうしろを「先輩！　先輩！」ってついて歩いてた。それがいまでは「正男！」だから。

「マサさんと正男は映画になるような人生だよ。正男は靴磨きからよくぞここまで出世したよなあ」

――そんな大先輩を呼び捨てに（笑）。

長州　で、1年ぐらい一緒にタンパにいたんだけど、途中で正男がニューヨークに帰ったんだよ。それで俺は正男のいないタンパがあまりおもしろくなくなって、会社（新日本）のブッキングでカナダに行く前に正男のところに寄ったんだよ。

――ニューヨークに。

長州　1~2カ月くらいいたね。そのとき、正男からニューヨークという街を教わったんだよ。

――ニューヨークでは試合はなく？

長州力（ちょうしゅう・りき）
1951年12月3日生まれ、山口県徳山市（現・周南市）出身。プロレスラー。
専修大学レスリング部時代にミュンヘンオリンピックに出場。1974年に新日本プロレスに入団し、同年8月にデビューを果たす。1977年にリングネームを長州力に改名。メキシコ遠征後の1982年に藤波辰爾への噛ませ犬発言で一躍ブレイクを果たし、以後、"革命戦士"のニックネームと共に日本プロレス界の中心選手となっていく。藤波との名勝負数え唄や、ジャパンプロレス設立からの全日本プロレス参戦、さらに新日本へのUターン、Uインターとの対抗戦など、常にプロレス界の話題のど真ん中を陣取り続けた。2019年6月26日、後楽園ホールで現役ラストマッチをおこなった。2019年12月25日、ツイッターのアカウントを開設し、一発目に「いまどうしてる？」とつぶやいた。

長州　試合はまったくない。

――2カ月くらい試合ナシで行っちゃってもいいもんですか？

長州　全然問題ないだろ。それでそのあとモントリオールに飛んでったんだよ。

――カナダ遠征ですね。

長州　俺、そのカナダに1年くらいいて日本に帰っただろ。あの頃は新日本も海外に出て試合することが多くて、ニューヨークで試合をしたときに正男が訪ねてきたんだよ。そのとき会長（アントニオ猪木）も坂口（征二）さんもみんないたんだけど、正男は世界選手権のときに着てたしわしわのブレザーを着てきてさ。かろうじて胸ポケットにネッカチーフみたいなのを入れてるんだけど、あいかわらず鼻もダラッダラで。

――えっ、ホントに鼻を垂らしてるんですか？

長州　いっつも垂らしてる！　鼻水を垂らしながら会長とか坂口さんに挨拶してるから、俺は見ていて恥ずかしかったよ。それで試合が終わって2人で飲みに行ったら、「子どもを連れて日本に帰りたくねえけど、こっちじゃ仕事がないんだよ」って鼻水を垂らしながら言うんだよ。

――服部さんは早くにご結婚をして、お子さんもいらしたんですよね。

長州　そう。それで明くる日にマサさんがマジソンで試合があったから、その夜は3人で飲みに行ったんだよ。そうしたら正男が「マサさん、ボクを日本に連れて帰ってくれませんか？なんでもしますから」って直訴し始めて。「なんでもしますって、おまえ何もできねえだろ？」って話になったんだけど、それから半年くらい3人でアメリカを回ったんだよ。で、正男は悪役のマネージャーよ。

――服部さんはそこで初めてプロレスのビジネスに関わったんですか？

長州　そうだよ。それまで靴磨きをやってたんだもん。

――長州さん、どこまでホントですか？（笑）。

長州　全部ホントだよ！

――服部さんはニューヨークで靴磨きをやってたんですか？

長州　ホントだぞ。だから俺もタンパにいた頃はいつも正男の奥さんにご飯を作って食べさせてもらってたから、「どうにかしなきゃいけないな」と思って。それで俺からもマサさんに相談したら「長州、新日本でレフェリーでもやらせたらどうだ？」って言われて日本に連れて行ったんだよ。

――へえー、そうだったんですね。服部さんはニューヨーク在住なのに、どうしてタンパにいたんですか？

長州　ニューヨークで仕事がないから、マツダさんのジムでレスリングとか柔道のコーチをやってたんだよ。

――ああ、ヒロ・マツダさんのジムですね。

長州　そう。俺もグリーン（ボーイ）で仕事（試合）があまりないから、正男と一緒にジムに行ってちびっこにアマレスを教えるのを手伝ったりしてたな。オリンピックが終わったばっかだったから俺も楽しかったよ。

——じゃあ、服部さんはアメリカンドリームを掴んでいたわけじゃないんですね。アメリカで食えないから新日本で仕事を始めたという。

長州　でもマサさんはドリームをやったよな。だけど正男もいまや新日本のトランプだよ。だって見てみろ、あの歳でまだ引退興行をやろうと考えてるんだぞ？　正男は商魂たくましい！　正男が溜め込んでる札束の量たるや、ニューヨークに持って帰れないくらい重いんじゃないの？　2年くらい前に正男の長女に男の子が生まれたんだけど、正男は鼻を垂らしながら孫を抱っこしてるんだよ。

——まだ垂らしてるんですか（笑）。

長州　赤ん坊じゃなくて、正男が垂らしてる（笑）。あんまり大きいな声じゃ言えないけどな、正男の鼻は壊れてるんだよ。マサさんもだいぶ鼻が壊れてたけどな。

——マサさんも（笑）。

長州　正男は74歳になったいまでもジーパンを履いてて、ケツのポケットにいつもスカーフを入れてるんだけど、それはおしゃれじゃなくて、それで鼻をかむためなんだよ。だからそのスカーフは常にしわくちゃなんだから。だけど靴磨きからよくぞここまで出世したよなあ。マサさんと正男は映画になるような人生だよ。

「マサさんが服役していた刑務所に面会に行ったら、受刑者たちがみんなマサさんに『ハーイ、ボス！』って言ってて驚いたぞ」

——男が憧れる生き様ですよね。

長州　冗談抜きでさ、マサさんなんかYouTubeでも流せないようなことばっか起こしてたからな。ホントに言える話がほとんどねえもん。当時、深夜1時とか2時に枕元の電話が鳴ったら、俺はいつもピューン！って飛び起きたもんだよ。電話の向こうは絶対にマサさんか正男！　あの2人がガイジンの担当だったから。

——六本木あたりでガイジンレスラーが暴れると電話がかかってくるんですね。

長州　ホーク（・ウォリアー）なんかは一歩間違えたら六本木で5回くらい死んでるからね。今日、ここに正男を呼べばよかったな。アイツ、いま日本にいるよ。電話してみるか？

——今日（1月6日）、新日本は大田区で試合ですね。

長州　まさにトランプ！　マジで引退まで稼ぐだけ稼ぐ気なんだな（笑）。日本にいるときは都内一等地のマンションに住んでてさ、その真裏にジムがあるんだよ。でもあれは正男が買ったマンションじゃなくて、娘が買ったマンションに籠城してるだけ。

——籠城（笑）。

長州　娘のマンションを自分の思うようにカッコよくリフォームしてさ、仲のいい新日本の営業のヤツらとよくホームパーティーとかやってるよ。とにかく正男はいまだに元気なの。裏のジムに行ってランニングやってな。

――お身体もとくに悪いところがなさそうですよね。

長州　それが性格が悪いんだよ。

――性格が悪い（笑）。

長州　正男と話してると、アイツの性格の悪さに俺も100パーのボルテージが出るくらいやり合うからな。マサさんだって考えてみ、アメリカの監獄に1年半いたんだぞ？（笑）。

――しかも身体をデカくして出所してきましたからね。なんなら新しい必殺技（監獄固め）まで編み出してきて（笑）。

長州　俺、刑務所に面会に行ったんだよ。そうしたら受刑者たちがみんなマサさんの肩を叩いて、「ハーイ、ボス！」って言ってて驚いたぞ（笑）。

――ボス！（笑）。

長州　「おまえ、ここに来る途中、森林の中の道がきれいだったろ？」「はい。きれいだったですね」、「あれな、俺たちがやったんだぞ」って。ポール・ニューマンの映画でそんなシーンあったじゃん。

――ああ、『暴力脱獄』。受刑者が道路の脇の草刈りをやりますよね。

長州　「俺はそれを真面目にやったから、いまは食堂の係をやってるんだよ。だから食うのに不自由しない」って。ホントに身体がでっかくなってんだよ。

――ガンガン食って、ガンガンにトレーニングして（笑）。

長州　だからマサさんは肉も卵も食い放題。そのことを誰も咎めない。「このジャケット、カッコいいだろ？　着てみるか？」って、うしろにナンバーが書いてあるジャケットなんか着たくないよなあ（笑）。

――気持ちもまったく沈んでないんですね。

長州　まあ1年半よく入ったよ。で、そこの刑務所のいちばん上の人間に毎日苦情が来てたらしいよ。「頼むからアイツをどっかよそに移してくれ」って。なぜだかわかるか？

――なぜですか？

長州　マサさんは寝てるときのイビキと叫びが凄いんだよ。そのせいで朝から労働に行かなきゃいけないのにみんな寝不足だから。マサさんってもの凄い声を出すんだよ。

――イビキはわかりますけど、寝ているときに叫ぶんですか？

長州　叫ぶね。日本でも巡業でホテルに泊まってるとき、フロントから電話がかかってきたことがあるんだよ。俺の隣の隣の部屋でマサさんが寝てて、とんでもない叫び声が聞こえてきて。

――隣の隣でも（笑）。

長州　それでフロントが「どなたか、何かモメてますか？」って。

――「いえ、ひとりよがりです」と（笑）。

長州　叫ぶんだよな、「ウワーッ！」って。刑務所から出てきてから、さらにひどくなったんだよ。やっぱり心に抱えてるものがいろいろとあったんだろうな。そもそも「アメリカでよく撃たれなかったね」って話じゃん。モメたポリスマンにタックルして足を折ってるんだから、あの時代なら１００パーセント撃たれてもおかしくないんだよ。マサさんの人生はホントにタイトロープ。どこで落っこってたとしてもなんら不思議に思わない。青森のほうでさ、大雪になるとさすがのサルたちも冷たいのか両腕で電線を伝っていくじゃん。あれと一緒だよ。

「あるときに正男から『今日コンサートがあるから行こう』って言われて観に行ったのがサンタナ。凄かったよ」

——その動画もＹｏｕＴｕｂｅにあがってますね（笑）。
長州　あそこで手元を滑らせて電線にぶら下がってるのが〝半蔵〟だよ。
——半蔵？
長州　正男よ。
——名前が変わった！　服部半蔵か（笑）。
長州　電線でブラブラしてたサルがいまじゃトランプだもんな。鼻は壊れてるけど。マサさんもいつもジーパンのケツに赤いスカーフを入れていて、よくそれで鼻をかんでたな。それはマサさんから言わせれば、おしゃれなんだって。ただし、当時は「俺

は両刀だよ」っていう合図でもあったらしいんだよ。

――マサさんって両刀だったんですか？

長州　それが冗談なのか本気で言ってるのかわからないのがマサさんだよ。マサさんはホントにおもしろかったな。マサさんも逝っちゃって、順番通りにいけば次は正男。俺は絶対に正男よりも先に逝きたくない。ひょっとしたらトランプが落っこちたら正男も逝っちゃうのかね？

――そんな因果関係あります？（笑）。

長州　俺は今度、正男のマンションのドアに貼り紙をしてやろうと思って。「カネ使え！」って（笑）。

――「カネ返せ！」じゃなくて「カネ使え！」（笑）。

長州　お札を数えすぎて肩があがらないって言うもんな。だから正男がレフェリングをやってると、俺は「ああ、コイツはもう相当貯めてるな」ってわかったもん。フォールを取るとき、左手で右手を支えながらゆっくりマットを叩いてんだもん。「おい、いま完全に3つ入ってるだろ！」って（笑）。

――よくもまあ、そんな悪口を思いつきますね（笑）。

長州　正男は靴磨き以外にも、卸の肉を配達する仕事をやってたこともあって、アイツは店を1軒ずつ回るたびに肉の端っこをちょこーっと切って持って帰ってたんだよな。

――肉の端切れを集めて家で食べてたんですか（笑）。

長州　これは笑うところじゃないぞ？　向こうは肉自体がでかいから、ちょこーっと切ってもわかんない。そういう生活をしてたときにマツダさんと知り合って、タンパのジムで働いてな。正男はちびっこにアマレスを教えるのがうまかったよ。あのときの教え子でオリンピックでメダルを獲った子がいるらしいもん。

――マツダさんのジムってアマレスも教えてたんですか？

長州　いや、あそこは基本的にアマレスのジムなんだよ。昼間に柔道を教えて、夕方からアマレス。俺も何もすることがなかったから一緒に行って手伝いをして、それが終わってから正男の家に行ってメシ食ってさ。

――やっぱり肉の端切ればっかり出ましたか？（笑）。

長州　いや、そのときはじゃがいもしかなくて毎日カレー。正男の奥さんが作ってくれてうまかったよな。そういえばある日、正男が住んでた建て物の2階から、デカくて細い、髪の長いミュージシャンが降りてきたんだよ。それ、誰だと思う？（ハルク・）ホーガンだったんだよ。

――ああ、プロレスラーになる前はバンドをやってたんですよね。凄い偶然ですね。

長州　何回か会ったね。

――ホーガンはマツダさんのジムでトレーニングをしてたんですよね。

長州　いや、トレーニングをしてるっていうのはないな。

――えっ、マツダさんの教え子ですよね？

長州　まあ、それはそういう触れ込みというか。でも「カッコいい顔をしてるな」と思ったよ。だからのちにホーガンが日本に来たとき、正男が「光雄。あれ、誰だか知ってるか？」って言うから「ホーガンってヤツだろ？　俺、今回初めて見たけど」って言ったら、「いや、タンパで会ってるよ」って言われて「えーっ、アイツか！」って。正男の家の上に住んでたんだよ。それで正男は1階でガンガンに音楽を流してな。それであるときに、正男から「今日コンサートがあるから行こう」って言われて奥さんたちと一緒にビールを買って行ったんだよ。凄かったよ。それが最初に観たサンタナ。

「ツイッターの次はYouTubeだよ。なんかこう『こなせるはず』っていう手応えだけはあるんだよな」

――へえー！　それでサンタナが好きになったんですね。

長州　そのときのインパクトが頭の中に入っちゃって。もの凄かったんだから。でっかいタンパ・スタジアムが客でパンパンだよ。最初に音が出たときに凄い歓声でビックリしたもん。

――長州さん、日本でも服部さんと一緒にサンタナのコンサートに行ってましたよね？

長州　それは正男とじゃなくてウチの家内とだよ。娘が「パパってサンタナが好きなんだよね？」って武道館が終わったあとの追加公演のチケットを2枚プレゼントしてくれたんだよ。それを家内と2人で観に行ったよ。けっこういい席だったね。

――あれ？　服部さんとも行ってませんでしたっけ？

長州　正男と観に行ったのはアレよ。何年か前にギターのうまいアレは誰だっけ？

――エリック・クラプトンですか？

長州　おー、そう！　アレとビートルズの生き残りがいるじゃん。

――生き残り（笑）。クラプトンがリンゴ・スターと一緒に来たことがありましたね。

長州　それだ！　東京ドーム。それを正男が「観に行こう！」って。

――ずっとハイカラだ（笑）。

長州　で、やっぱドームが満員なんだけど、俺らのチケットはいちばんうしろのほうの席でさ。それで演奏が始まったらみんな盛り上がってくるんだけど、俺らの前の席のヤツらが立ち上がるたびに正男がそいつらの頭をパンフレットで叩いてな（笑）。

――ひどい！　もぐら叩きじゃないんですから（笑）。

長州　立ち上がるたびに頭を叩いてるから、もうおっかしくてさあ（笑）。それで前のヤツが「何をするんだ？」って振り返ったら俺と正男が並んでるもんだから「しょうがねえな……」って。ずっと頭をボッコボコ叩いてるんだもん。あのときはさすがに俺も「正男やめろ！」って言ったけどな（笑）。

――「正男やめろ！」（笑）。服部さんはローリング・ストーンズの日本公演も全部行ってるって聞きましたね。

長州　靴磨きで得た収入を全部LPに突っ込んでるんだから。正男がタンパで乗ってたクルマなんかボロボロのシボレーでさ、ドアが閉まらないんだよ。中からドアを持ってないとすぐにドアが開いちゃうから「光雄、ちゃんとドアを持ってろよ」って。

――レコードを買うよりも、先にそっちを修理したほうがいいですね（笑）。

長州　もう数百ドルとかで買ったボロボロだから。それでクラクションを鳴らすだろ、まともな音じゃないんだよ。「アホ～ン、アホ～ン」って（笑）。だけどあの頃から正男は「いつか見てろよ！　俺もトランプみたいなビルを建ててやる！」ってビルの谷間で唸ってたよ。

――服部さんの話のほうが『一杯のかけそば』っぽいですよ。

長州　ああ、そうだ、ＹｏｕＴｕｂｅ！　俺、今年はＹｏｕＴｕｂｅもやろうと思ってて。

――おお、ついに！（笑）。

長州　ツイッターの次はＹｏｕＴｕｂｅだよ。いまはまだとくにビジョンが固まっているわけじゃないけど、ツイッターも触ることができたんだから、なんかこう「こなせるはず」っていう手応えだけはあるんだよな。

――絶対に向いてると思います（笑）。

長州　そこに正男を出してもおもしろいだろうし、マッチのしゃべりもあなどれないぞ、ホントに。山本、おまえも手伝えよ。

――えっ、いいんですか？　ぜひぜひ。たのしそう！（笑）。

長州　ヨシッ！　俺が新しい山本を引き出すか。今年はおまえの素材をよ～く洗ってやるから楽しみにしとけよ。もう『ＫＡＭＩＮＯＧＥ』なんて作らなくてもいいようにしてやるから。これは悪口とかじゃなくて（ニッコニコ）。

ハイボール
コークハイ
ホッピー(白・黒)
外(そと)
中(焼酎)
麦 白水
ウーロン茶
緑茶
各320
コーラ
オレンジ
カルピス
各380
日本酒
大徳利
ワイン(赤・白)
ボトル
グラス
580
2950
SF

まむコ列伝!!

第98回　剛力彩芽とピクニック

バッファロー吾郎A

2019年に元号が令和に変わってから怒涛の結婚ラッシュが続く中で、剛力彩芽さんと前澤社長が別れてしまったのはとても寂しい。

私は剛力さんのことを考えているウチに眠ってしまい、夢を見た。人の夢の話はつまらないモノだが、興味深い内容だったのでココに紹介したい。

『シモノゲ』の取材で剛力彩芽さんと高原に来た。

剛力　うわあ、いい天気！　今日は絶好のピクニック日和ですね。そういえばA先生は再婚されたんですよね？　おめでとうございます。

——ありがとうございます。剛力さんに祝っていただいて嬉しいんですが、ちょっとリアクションに困りますね（苦笑）。

剛力　ちょっと、それどういう意味ですか（笑）。そこは素直に喜んでください。

——わかりました。素直に喜びます（笑）。

剛力　言っときますけど、ピクニックに来たのは傷心旅行じゃないですからね。剛力彩芽、新しい恋に向けてレッツ、ゴーリキ彩芽！

——レッツ、ゴーリキ彩芽？

剛力　私の考えた自己紹介ギャグ、おもしろくないですか？

——おもしろくないとかではなく、清純派女優の剛力さんがギャグを言ったことに驚いてしまって。

剛力　私、何個かギャグを持ってるんですよ。「どーもー、ゲーリー・グッドリッジの腕のタトゥー彩芽でーす」がいちばんのお気に入りなんですけど、こないだドラマの撮影でこのギャグをアドリブで言ったらNGになってショックでした。おもしろいと思ったのになぁ。

——おもしろいおもしろくないは別にして、ドラマでそんなアドリブを言ったらそりゃNGになりますよ。

剛力　（私の言うことを無視して）ちょっ

とA先生！　あの雲、ランチパックに似てませんか？　あっ、こっちの雲はランチパック・ピーナッツ味！　向こうの雲はランチパック・イタリアン風味！

——全部ランチパックじゃないですか。ランチパックは全部同じ形ですよ。

剛力　違います！　ランチパックには4個入りもあるんです（キッパリ）。

——それは失礼しました。

剛力　あの雲は『フラワーズ』、あっちの雲は『ボーンズ・イン・モーション』。向こうの雲は『アンタイトル』……。

——剛力さん、急にどうしたんですか？

剛力　あっ、いけない。私ったら社長が落札した絵画の名前ばかり言っちゃって。

——剛力さん、もしかしてまだ社長のことを……。

剛力　そっ、そんなワケないじゃないですか（汗）。あっ、あっちに泉がありますよ。行ってみましょう。

——（ガイドブックを見ながら）剛力さん、泉には『水切りとユニコーン』という伝説があるらしいです。

剛力　伝説？

——はい。泉の水面に向かって平たい石を投げて、石が10回跳ねると、伝説の動物ユニコーンが現れて。

剛力　それで？

——ユニコーンに願いを叫びながら身につけている指輪を泉に投げ入れると、その願いが叶うらしいです。

剛力　まあ、素敵なお話ね。私はそんな伝説を信じないけど、おもしろそうだから試してみましょう。

——いいですね。だけど、いい石が見当たらないですね。かなり平たくて重みがないと10回も水面を跳ねさせるのは難しいですよ。

剛力　そうだ、コレなら！

——ちょっと剛力さん、それはランチパックのメンチカツ味じゃないですか。たしかに平たくて重みがありますが、食べ物を粗末にしちゃダメですよ。

剛力　ランチパックは密封されているから外が水に濡れても大丈夫！　あとでおいしくいただきましょう。

——わかりました。

剛力　ドカベンの里中ばりのアンダースローでエイッ！

——剛力さん凄い！　10回跳ねましたよ。あれ？　急にあたりが薄暗くなって、茂みの奥から何か出てきた。

剛力　あれはもしかして……。

——白馬の額に1本の長い角が生えている。あれはまさしく伝説の動物ユニコーンですよ！　伝説は本当だったんだ。あとは指輪を泉に投げ入れれば願いが叶いますよ。

泉を挟んでユニコーンが剛力を見ている。剛力は社長から貰った指輪を外して、「あの頃に戻りたい！」と、大声で叫びながら指輪を泉に向かって思い切り投げた。

だが、剛力の願いは叶わなかった。

伝説がウソだったからではない。

剛力の投げた指輪は綺麗な放物線を描いて、泉を越えてユニコーンの角にハマったからだ。

ここで私は目が覚めた。

バッファロー吾郎A／本名・木村明浩（きむら・あきひろ）
1970年11月24日生まれ／お笑いコンビ『バッファロー吾郎』のツッコミ担当／2008年キングオブコント優勝

RIZIN
ISAMI
RIZIN

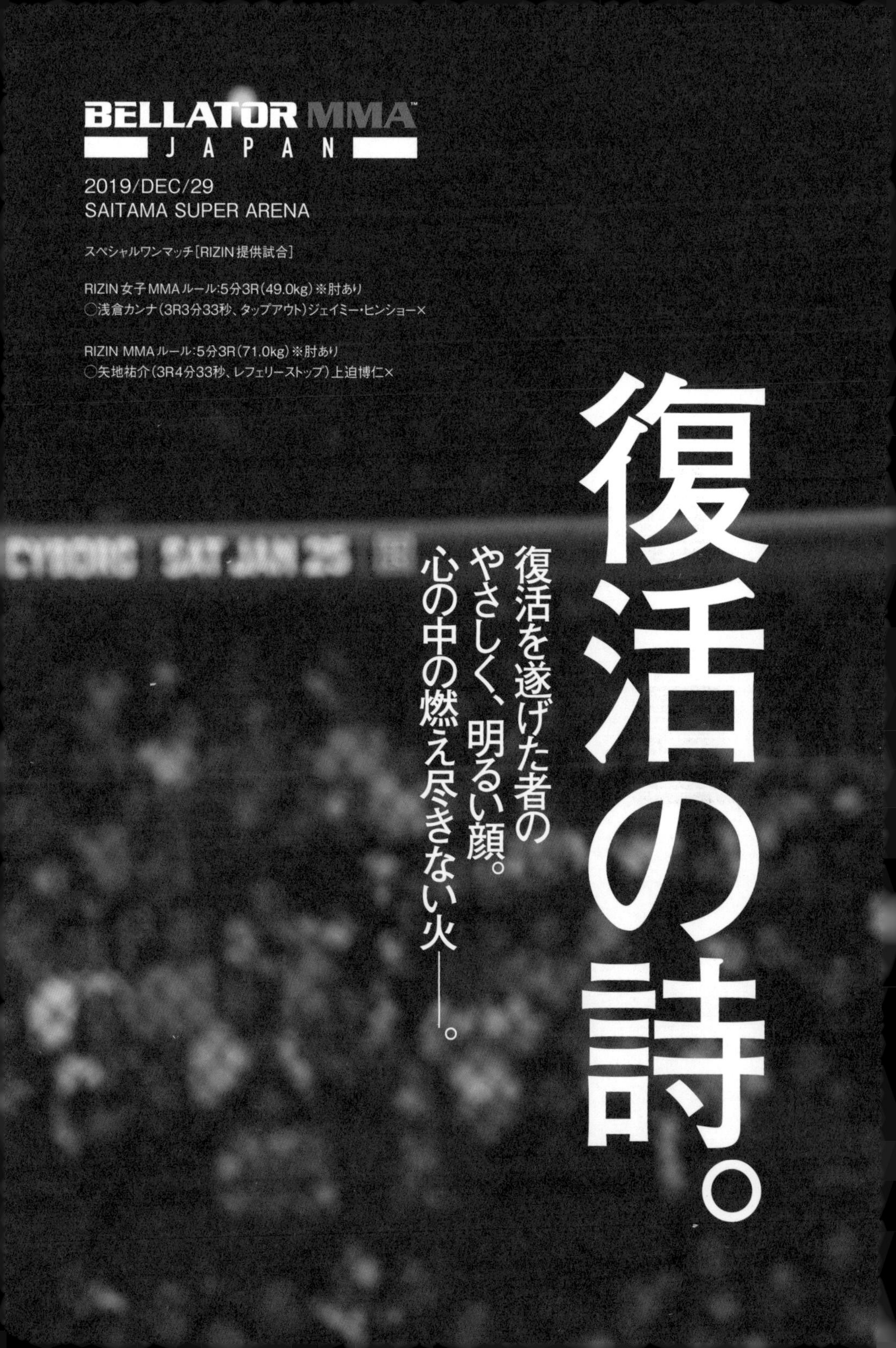

BELLATOR MMA
JAPAN

2019/DEC/29
SAITAMA SUPER ARENA

スペシャルワンマッチ［RIZIN提供試合］

RIZIN女子MMAルール:5分3R（49.0kg）※肘あり
◯浅倉カンナ（3R3分33秒、タップアウト）ジェイミー・ヒンショー×

RIZIN MMAルール:5分3R（71.0kg）※肘あり
◯矢地祐介（3R4分33秒、レフェリーストップ）上迫博仁×

復活の詩。

復活を遂げた者の
やさしく、明るい顔。
心の中の燃え尽きない火——。

崖っぷちからの祭囃子！　チャラさに深みとコクを兼ね備えたヤッチくんでぇ〜す!!

矢地祐介

［お祭り漢］

「最近『いい顔をしてるね』ってやたらとみんなから言われるの。３連敗はいい経験になったとしか言いようがないし、いろいろなことに気づかされたし、ここからまた勝ち続ければチャラじゃないですか」

収録日：2020年1月7日
撮影：タイコウクニヨシ
試合写真：©RIZIN FF
聞き手：井上崇宏

「『そんなに大逆転かな?』と思って あとから映像で観てみたら、試合中に俺が感じていたよりも『あっぶねー』みたいな」

──矢地さん、あけましておめでとうございます!

矢地　おめでとうございます!

──矢地さんはMMAファイターの中では『KAMINOGE』登場頻度が意外と高めのほうになると思うんですよ。

矢地　あっ、ホントですか? なんだかんだ?

──でも最近だと朝倉未来戦の前後2回ですかね。

矢地　えっ、試合のあともやりましたっけ?

──試合の数日後にやりましたよ。記憶にないですか? (笑)。

矢地　そうだ。やったかも。

──たしかに「いま俺の目の前で話してるのは、ホントにあの矢地祐介なのか!?」っていうくらい元気なくて(笑)。

矢地　アッハッハッハ!

──っていう状態のときだったじゃないですか。

矢地　そうですね。そんなときもありましたね(笑)。

──だから今日は本来の矢地祐介にひさしぶりに会えました(笑)。

矢地　ひさしぶりにね。年末(12月29日『BELLATOR JAPAN』・上迫博仁戦)に勝ってよかったっていうのがいまの気持ちで、試合内容を振り返ってみるとダメなところもたくさんあるし、課題がたくさん見つかったっていう感じではあるんですけどね。あとから映像で観てみると、試合中に俺が感じていたよりも「あっぶねー」みたいな。

──自分が思っていたより危ない試合だったぞと。

矢地　そうなんですよ。だから試合後に「矢地くん、大逆転! あぶなかったー!」みたいな感じの声が多かったことに最初はちょっと違和感を覚えてたんですよ。

──「そこまで劣勢だったかあ?」みたいな。

矢地　そうそう。たしかに2ラウンドのダウンはよくなかったけど、それにしても俺のほうがずっとパンチを当てていたし、効いてるパンチもあったし、相手はみるみる血まみれになっていってたから「そんなに大逆転かな?」と思って映像で観てみたら、やっぱプレッシャーをもらってバタバタする場面が多くて、あんまりパンチをもらっていないけど見た目は悪いじゃないですか。

──矢地さんはうしろに下がりますからね。下がりながらのカウンターが得意ですもんね。

矢地　そう。じつは俺のほうが当ててるんですけど、そこがモロに課題のひとつですよね。あそこまで入ってこさせる前に一発打っておかないと、相手は怖さなしで入ってこれちゃうんですよ。それで来たところにカウンターだとやっぱり早い者勝ちになるし、先に入ってくるほうが早いから、強いパンチも打てるだろうし、こっちはバランスも崩れちゃうし。それで結果あ

あいうふうにもらったっスよね。そういった課題が見つかった試合だったっス。

――正直、ボクも観ていて「拮抗してるな。このまま判定までいったら負けるんじゃない？」っていう印象がありました。

矢地　たぶんねえ。判定で負けてたかもっていうのは、いま冷静になったらそう思うっスよね。でも試合中は全然焦りもなくて、「このままいけば倒せるな」っていうマインドだったし、あっちも変な話、焦ってたし。だからホントに落ち着いてできていたんですけどね。

――じゃあ、フィニッシュに至ったときは「ついに仕留めらた」っていう？

矢地　そう。全然焦ってなかったっスよ。「これはそのうち仕留められるな」っていうマインドだったし、たぶん相手は徐々に追い込まれてるっていう感じは見て取れたというか。それは闘っている2人だけが感じることなのかもしれないですけど。それで最後の最後でいい形が出たって感じです。プレッシャーに対しての自分のリターン、攻撃は全然ダメだったけど、最後の最後に出せた。だから3ラウンドが始まったときも、俺的には2ラウンドでダウンはしちゃったけど、「まあ、ここから取り返せばいいや」くらいの。それだけ勝ってる気持ちでいたから。だけど3ラウンドが始まったら、聞き覚えのある声で「矢地ー！　ここ取らなきゃ負けるぞ！　いかなきゃダメだー！」って言われて、「えっ、俺そんな感じなんだ⁉」って試合中に

ちょっと目が覚めた部分はあったっス。

「矢地祐介、ホントいい作品にしちゃいがち。常に相手を引き立てちゃうし、いいところを出させちゃうし」

――誰ですか、その声の主は。

矢地　服部（竜真＝KRAZY BEEマネージャー）さんです（笑）。

――あのハスキーながらもよく通る声で（笑）。

矢地　「矢地ー！　いかなきゃ負けるぞ！」って言われて「なに言ってんだよ～」って思ったんですけど、そこも自分は冷静ではいたから「ああ、そんな感じなのか。もっと明確に攻めないとダメだな」って感じながら3ラウンドが始まりましたね。

――そうだったんですね。

矢地　……えっ！『KAMINOGE』ってこんな感じでしたっけ？　格闘技に関してこんなにちゃんとしゃべる雑誌でしたっけ？

――アハハハハ！　いやいや、矢地さんがどんどん話してくれるから（笑）。

矢地　なんか俺、ひとりで変なモードでしゃべってるのかなと思って急に不安になったよ（笑）。

――真面目に語ってる人を不安にさせるってだいぶよくないですね！（笑）。それで試合中に「このまま判定までいけば負け

なんじゃないか」って思ったときに、ふと「ひょっとして今日負けたら、矢地祐介は引退するんじゃないか?」という考えが3ラウンド中によぎったんですよね。

矢地　やめるっていうか、きっとやめたくなるだろうな、やめてしまうかもしれないなっていう、なんとなくの予想は俺もありましたけどね。もちろん負けるとは思ってはいないし、やめたくはないけど。でも「負けたら4連敗」ってふと冷静に考えたときに、それってとんでもないレコードなわけで。「負けたらRIZINでの居場所はなくなる。じゃあ、どこで試合をするの?」とかいろいろ考えたときに、きっと「やめる」というのもひとつの選択肢としてあるんだろうなと思っていた感じですかね。それはなんとなく頭の片隅にありましたね。

——だからこそ「今回はとにかく楽しもうと思った」と。

矢地　そう。こんな状況だからこそ「楽しもう!」っていうマインドだったっスね。負けたらやめるということをそこまで現実的には捉えていなかったですけど、もしそうなったときのために後悔しないように全力で楽しもうっていうような軽い感じで。

——でも結果的に凄くいい作品に仕上がったというか、これは矢地さんの想定外ではあったと思うんですけど、あの日は地上波では観ることのできないライブの魅力が満載だったじゃないですか(笑)。

矢地　……まあねえ(笑)。

——そんな中で押されているように見えながらの目の覚めるよ

うなサッカーボールキックでフィニッシュして。あれって『ロッキー』ですよね。映画を観させられているでしたよ。

矢地　映画みたいだったと言われるとホントうれしいっスよ。

――「これ、俺らはエキストラかあ？」って思いましもん（笑）。

矢地　アハハハハ。でも矢地祐介、ホントいい作品にしちゃいがち。常に相手を引き立てちゃうし、いいところを出させちゃうし、みたいな。「それはファイターとしてはどうなんだろう？」って凄く思うんですけど、でもRIZINでやるかぎりはエンタメとしていいのかなって。

――本当なら1秒でも早く、スカッと倒したい。

矢地　もちろんファイターとしては、相手に何もいいところを出させずに圧倒的に勝つっていうのが理想ですからね。ドラマなんて生まれたくないわけで（笑）。

――アハハハハ。早く倒して帰りたい。

矢地　ドラマは本当にいらないっス。だけど、そこも俺のいいところなのかなって割り切るようにはしてるっスけどね。もちろん試合って相手があってのものですけど、いい作品を2人で作り上げられる才能みたいなものが俺にはあるのかなって。それで結果、俺が勝てれば万々歳なわけで。

――素晴らしい才能だと思いますよ。秒殺はRIZINデビュー戦の偽パッキャオ（マリオ・シスムンド）戦くらいですよね。

矢地　パッキャオのみ（笑）。まあ、（ダロン・）クルックシャンク戦もパタッと終わったっスけど、そこからというもの、勝ったのは俺なのに北岡（悟）さん、五味（隆典）さんと数々の対戦した選手の評価を上げて（笑）。

――いいと思いますけどね。だからこそRIZINの顔役に君臨しているというか。

矢地　そうなんですかね？　全然顔になりきれてないですけどね（笑）。まあでも、今回は勝ててよかったっスよ。

「SNSの投稿も露骨に増えちゃうのが俺ですから（笑）。もともとそういうタイプだったから元に戻ったって感じ」

――振り返ってみて、朝倉未来戦後から年末までの期間っていうのはどんな感じで過ごしていたんですか？

矢地　いやまあ、とても落ち込んだっスけど終わったものはしようがないし、階級の違う選手だからすぐに再戦なんてできないだろうし。ホント「さっさと忘れて次に」っていう感じだったっスね。それで練習とかに関しては連敗中に気づいたことだったりとか、新しくチャレンジすることだったりっていうのを継続してやっていた感じですね。それこそ青木（真也）さんとかにも教えてもらったりとかして、そのことがやっといま形になり始めてきたから、今回は試合をするのが楽しみだったっスよ。去年の夏前まではまだ新しいことに取り組み始めたばっかで形になってなかったけど、それがだんだんと形になってきての年末だったから、楽しかったし、やってきたことを少しは出

BELLATORSHOP
天命天晴
Team Cloud

せたりもしたのでよかったっスね。

――矢地さん……よく見るとめっちゃいい男っスね。

矢地 えっ？ 何が？（笑）。

――前からこんな顔でしたっけ？（笑）。

矢地 アッハッハッハ！

――勝ったからですか？

矢地 勝ったから？（笑）。

――こんな二枚目でしたっけ（笑）。

矢地 アハハハハ。でもね、それホントに最近言われるの。試合が終わってからここ数日、「そんな顔だったっけ？」みたいな。「いい顔をしてるね」ってやたらとみんなから言われるんですけど、そうなんですかね？

――そうですよ。顔つきが変わりましたよ。表情とかもそうですけど、肌の質感から何からいい男（笑）。

矢地 でも、そういうのは最近ホントよく言われる。自分ではわかんないけど。

――3連敗を経てのこのいい顔なんでしょうね。

矢地 だとしたら、ホントにいい経験になったとしか言いようがないというか。もちろんファイターとしてはマイナスだったっスけど、3連敗したことがんばる糧にもなったし、人としても大きくなれたのかなっていうのはちょっと感じるかも。ファイターとして考えたら絶対にあってはダメなことだったけど、そのほかの部分で考えたらいろいろなことに気づかされた3連敗でしたね。それでここからまた勝ち続ければね、3連敗なんてチャラじゃないですか。

——素晴らしいですね。

矢地　いや、全然っスよ。だって観たでしょ、あのライト級グランプリ。ちょっとエグいでしょ。（トフィック・）ムサエフ、めっちゃ強かったっスよね。

——そうやってエグい、アイツらめっちゃ強いって素直に口に出して言えるのも、矢地さんがいい状態にあるからこそですよ。試合が終わっていまは贅沢三昧ですよね？

矢地　いやいや、そんなしてないですよ（笑）。家でダラダラしたり、街に出て散歩したりとか。でもみんなに誘ってもらってご飯に行くことが多いですね。やっぱ勝ったのがひさびさなんで。いろいろ誘っていただいて人気者ですよ、いまは（笑）。

——試合に勝ったらＳＮＳも露骨に投稿が増えちゃって（笑）。

矢地　それが俺ですから（笑）。もともとそういうタイプだったから元に戻ったって感じ。

——でも今回の入場のときに感じたんですけど、3連敗をしたのにヤッチくん人気は前よりも上がっていますよね。

矢地　そうっスかね？　だといいけど。たしかに歓声は大きくなってきてるのかなって思ってるけど。

——けっして半官贔屓とかではなく、苦境にあえぐ矢地祐介の姿に多くの人が共感するものがあったのかなと。人として深みというか厚みが出てきましたよ。

矢地　出てきたっスかね？

——出てきたっス。やっぱりＲＩＺＩＮってファイターの個々の物語を丁寧に紹介していくから、その人の浮き沈みとか喜怒哀楽とかをすべてファンも共有できる舞台になっているじゃないですか。選手に感情移入しやすいですよね。

矢地　たしかにそうですね。

——それはファイターにとってもいいことですよね。

矢地　たしかに。だけど、いま以上にもっともっと世間に届いてほしいですよね。

——会場の熱狂ぶりは回を重ねるごとに凄いんですけどね。でも地上波の視聴率は芳しくないようで。

矢地　俺もそう思うんですけどね。入場のときの盛り上がり方とか、最近の世の中の格闘技への関心ぶりを見たり聞いたりしてると、去年や一昨年よりも全然ＲＩＺＩＮと各選手の知名度とかも凄く上がっているし。

「ノリさんが亡くなって『俺らでがんばらなきゃいけない』ってところでチーム感がグッと出てきたっス」

——それは間違いないです。矢地さんもまたその人気向上の一助を担っていたりするのに。

矢地　いや、何を言ってんのかわかんないけど（笑）。もう、そこらへんに関しては俺は何も言えないっスよ。だって俺は俺で見てほしいじゃないですか。（浅倉）カンナちゃんじゃないけど、「私は誰かのものじゃない」みたいな。俺もホントにそうで、俺は俺でがんばってきたわけだし……まあ、でも勝ってよかったっス（笑）。

——アハハハハ。3連敗してからのこの復活劇。1秒でも早く勝って帰りたいところを、拮抗した試合を毎回演じてしまうっていうのは、これはもう完全にRIZINに染まっていますよね（笑）。

矢地　RIZINイズム（笑）。

——今回のフィニッシュは本当にドラマチックだと思いました。最後にワンパン入って、そこで上迫選手がうしろじゃなくて前に倒れちゃうっていう。そこにサッカーボールキック一閃。

矢地　でも、いま言ってもらったこととかを聞くと、RIZINはホント俺に合ってるんだなって思うんですよね。俺がいちばん活きる舞台というか。舞台裏も撮ってくれて、俺が泣いてるところを『RIZIN CONFESSIONS』でもさんざん使われたりとか（笑）。でも、そのおかげで「矢地くん、がんばって！」「次こそがんばろう！」みたいに思ってくれる人もいるんだから、RIZINっていいっスよね。

——だからもっと言えば、朝倉未来戦の試合後、矢地さんサイドからすると「いや、ロープを掴んでたじゃん」っていう問題提起もあったわけですけど、そこで訴えたりして本当の問題にはしなかったことも結果的によかったですよね。これは微妙な話ではありますけど。

矢地　いや、そうだと思うっスよ。ぶっちゃけ、俺はほんの少しだけRIZINに抗議したいなという気持ちがあったんですけど、ジムの先輩たちから「いや、そんなことをしてもしょうがないから」って、ホントにいま井上さんが言いたいようなことを言われた。「俺たちの仕事はエンタメだし、変な話、今回負けたけどべつにおまえの価値は下がってないし、逆にきっとファンも増えたってところもあるだろうから、そんなことはしなくていいんだよ」って言われて「たしかに」と思って。そこで踏みとどまっておいてよかったですよね。

——それはいわゆるKRAZY BEEイズムというか、KIDイズムですよね。「終わったことは言うなよ」っていう。

矢地　そうそう。だと思う。

——だって、それって環境によっては「これは絶対に提訴だ」っていうふうに周辺も含めて動いたりすることもあるじゃないですか。それはもちろん悪いことではないですけど、やらない

矢地祐介（やち・ゆうすけ）
1990年5月13日生まれ、東京都文京区出身。総合格闘家。KRAZY BEE所属。
中学まで野球をやっていたが格闘家に憧れて卒業後にKILLER BEE（現・KRAZY BEE）に入門。2012年11月には修斗環太平洋ライト級王座を、2015年3月にはPXCフェザー王座をそれぞれ獲得する。RIZINには2016年12月29日の旗揚げより参戦し、ダロン・クルックシャンクや北岡悟、五味隆典といった強豪を撃破して一躍人気者となる。しかし2018年8月でのルイス・グスタボ戦、同年12月31日のジェニー・ケース戦で連敗を喫してしまい戦線より一時後退。2019年7月28日、『RIZIN.17』でも朝倉未来に敗れ3連敗となるも、12月29日『BELLATOR JAPAN』で上迫博仁を破って復活の狼煙をあげた。

のがKRAZY BEEのちょっといいところですよね。

――KRAZY BEEといえば、セコンドの朴（光哲）さんとか（田村）一聖さんの喜びっぷりが素晴らしかったですよね。「ヤッチくんが勝ったらこんなに喜ぶんだ!?」っていう（笑）。朴さんがあんなにはしゃいでる姿、ボクは初めて見ましたよ。「あっ、あの人が喜んだらこんな感じになるんだ！」って思いました（笑）。

矢地　そうそうそう。ホントあれがうれしかったっスよ。あとから映像で観たらなおさらうれしくて、俺も「あっ、こんなに喜んでくれるんだ！」ってなって凄くうれしかったっス。

――服部さんなんかどうしたんですか、あれは（笑）。

矢地　泣きながら両手を広げて出迎えられましたからね（笑）。

――いつも同じ時間を共有をして、同じ方向に向かっている戦友だからこそですよね。

矢地　ただ、このKRAZY BEEのいい雰囲気っていうのは最近できあがった感じがしますね。ノリさん（KID）が亡くなって、ノリさんの力をもう借りられないというか、俺らでがんばらなきゃいけないってところで服部さんがマネージャーになったりとかして、ここ1～2年でチーム感がグッと出てきたっスよね。試合に向けての作り方だとかをアドバイスし合ったりとかして、その結果があのみんなの笑顔だったのかなって思いますね。ノリさんがいなくなったあと、時間がかかったけどやっとチームになってきた。

――KRAZY BEEは年末全勝ですもんね。

矢地　そうですね。RIZIN以外のパンクラスや修斗で闘っている仲間を入れても、俺の負け以降はみんなバーッと勝っていて凄くいい流れが来てますね。俺の連敗も含めウチの選手の成績がふるわないっていう状況が1年ぐらい続いて、ノリさんが亡くなる前ぐらいから悪い流れがきちゃってたんですけど。でもそこで「チーム全体で変わらなきゃダメなんだ」っていう空気感になったから、いまのこの上り調子のKRAZY BEEがあると思うし。すべてのものに意味があるんだなって思いますね。

「いまはRIZINがいちばんいいものを作れていますよね。格闘技のいいところが全部入ってる」

――そういえば、けっこう前の話なんですけど、KIDさんの取材でKRAZY BEEに行ったとき、ちょうどKIDさんは誰かと電話で話していて「ちょっと待っててくださいね」みたいな。その電話の相手はおそらくジムの選手で、説教っぽい感じじゃなくてなだめるような口調で「いや、こないだ勝ったのはもちろん凄いんだけど、あの勝ち方じゃダメだから。俺たちはプロなんだからKOか一本を取りに行かないと」みたいなことを延々と言ってたんですよ。そのとき「ああ、KIDさんもちゃんとこういうことをやってるんだな」と思いまして。

矢地　あるある。そう考えると、さっき言ったいまのジムの雰囲気というのもやっぱノリさんが作っていったものなんだなって思うっスよね。ノリさんも最後のほうの数年は若手を育てるみたいなマインドになってきて、AbemaTVの『格闘代理戦争』とかもそのマインドで始まったわけじゃないですか。そういう「イチから若手を育てる」っていう雰囲気がこの世界でできてきたのはあの人のおかげでもあるんですよね。それが結局は「チームで勝つ」じゃないけど、そういう流れになっていったっスね。

――そのイズムは当然、朴さんとかにも受け継がれていて。

矢地　だからロープ問題のときも朴さんが俺にこう言いましたからね。「じゃあおまえさ、勝ってたら文句言ってないだろ？もし勝ってたらロープの件は言ったか？」って。

――あー。

矢地　そこで俺は「たしかにそうっスね。たぶん言ってないっス」って言って。「おまえが勝って、それでも納得いかないぐらいの気合いが入ってるならべつに言えばいいと思うけど」みたいな。

――真理だ。

矢地　たしかにそうですよね。「たしかに俺、負けたからそういうことにすがって言おうとしてるわ。もうやめよ」と思って。だけどあの時期は俺もホントにいろいろ迷ってたんですよね。それがこんなにいいチームができたというか、俺がそんなことを言うのはちょっと偉そうで申し訳ないけど、ホントいいチームになってきましたね。

――RIZINでのほかの流れはどう見ていますか？　堀口恭司が朝倉海に敗れ、その朝倉海がマネル・ケイプに負けたこととか、浜崎朱加がハム・ソヒに負けたりしてますけど。

矢地　負けちゃうんですよね。

――RIZIN、めっちゃおもしろいですよね？

矢地　いや、ホントっスよね。めっちゃおもしろいっスよ。いっぱいドラマがあって、たくさんのストーリーがあって、いまはRIZINがいちばんいいものを作れてますよね。たしかに選手にとっては勝った負けたで悲しい、悔しいとかはあるんだけど、RIZIN全体で見たら言い方は悪いけど、恭司の負けも、恭司に勝った海くんの負けも、浜崎選手の負けも、ケイプが勝ってチャンプになったこととか「格闘技のいいところが全部入ってるじゃん！」っていう。やっぱり誰かが勝ち続けていてもおもしろくないだろうし、負け続けちゃったらそれこそ応援してもらえなくなるだろうし、だけどRIZINはそこの絶妙なバランスで成り立っているというか。凄くいいと思う、RIZIN。だからそれをもっともっと届けたいですよね。こんなに楽しいものはないし、自分がそこの一員でいられるのもマジでうれしいですね。

――次戦はいつくらいになるんですかね？

矢地　春ぐらいなんじゃないかと思っていますけど、まあ、声がかかればそこで考えてっていう感じですかね。

――矢地さんはどこも壊れてはいないですか？

矢地　何も壊れてないです。ケガなしで元気いっぱい、いまどんどん強くなってる。ただ、いま取り組んでることがまだまだ途中だからこそ、試合に関してはちょっと慎重にしたいなっていう気持ちもあるんですよね。

――発展途上だからこそ。

矢地　もうちょっとで完成するって段階だから、ここでまた勝ったり負けたりとかしてブレたくないんですよ。やっぱ完成したところでドーンとビッグマッチをやりたいなって思ってますけどね。マジでどんどん凄く強くなっていると思うんで。

「格闘技を始めた頃のあの感じというか、また格闘技が超楽しい。たぶん33、34歳くらいでピークがくる」

――長らくKRAZY BEE内だけで完結していたファイターだったのが、去年から積極的によそのジムにも練習に行くようになって。

矢地　ホントに1年前まではフィジカルのポテンシャルだけでやってましたからね。それが去年からは技術とかメンタルな部分のトレーニングも積極的に取り入れるようになって。ただメンタルもそうですけど、そこよりも技術がやっぱ足りなかったなっていうのは凄く思う。だからこそいまは技術を凄いいろいろ吸収していて、凄く強くなっている実感があるんですよね。マジで楽しいっスもん。格闘技がまた楽しい。始めた頃のあの感じというか、いろんなことを学んで、いろんなことが身について、それが試合で出せたりして超楽しいですね。

――矢地さんは今年で30ですか？

矢地　30ですね。

――じゃあ、まだまだこれからですね。

矢地　ここから4～5年だなあ。33、34歳くらいで技術的にも肉体的にもピークがくると思ってるんで。

――あっ、そんな先に設定してやっているんですね。

矢地　そのへんをピークに持っていくというイメージです。やっぱ空手を3歳からやってたとか、レスリングを4歳から始めたっていう人たちと比べると俺は10年以上も出遅れてるんで、そのぶん技術の進歩具合っていうのも、言い訳かもしれないけど「遅くてもしょうがない」と思っちゃってるんで。でも、そのぶんピークがみんなよりももうちょっと先になると思ってるから、33、34くらいでマックスに持っていきたいっスね。

――そこで最強の矢地祐介ができあがると。

矢地　でも、それはいまだからそう思うんじゃなくて4～5年前からずっと思っていて。「俺のピークは30を超えてからだな」と考えてやってきているので、結果的にいいふうに進んでるとは思います。若いうちに身体もできたしこれから技術をどんどん入れ込んでそれがピークに達するときがそれくらい。

――「最初に壺に何を入れておくか」ってよく言うじゃないですか。すでにフィジカルは作っておいたっていうのはいいアドバンテージかもですね。

矢地　まあ、ちょっとつけすぎたっていうのはあるけど（笑）。だからいまはフィジカルトレーニングとかもだいぶ減らしていて、スピード系だったり身体の作り方を重視して、あまり重い重量は持たないようにしています。もとからそんなにベンチプレスとかフルスクワットを何百キロとかっていうのはやってないんだけど、身体を使う系の筋トレとか高重量でやってたので、やっぱいらない筋肉がついちゃうじゃないですか。だからそれを落としてではないけど、またちょっと違う視点でやっている感じですかね。やっぱ筋トレのしすぎでスピードがなくなっちゃったかもね。昔はもっとスピードもあったし、しなやかさもあったんですけど。でも良し悪しなんですけどね。そのかわりいまは身体の力的には海外選手にも負けないパワーを持ってますから。力っていう点で言えば。最近はそこに技術もだいぶついてきたから力の使い方とかもうまくなったし、海外選手にも力負けする気はしないですね。あとはとにかく技術さえしっかり身につけば、それこそ世界のトップ選手とやりあえるくらいのポテンシャルは持ってるんじゃないかなって思ってるんですけど。あれ？『KAMINOGE』ってこんな感じだったっけ？

――アハハハハ！　だから矢地さんがいま格闘技に夢中だから勝手に雄弁に語ってるだけですよ、もう（笑）。

矢地　わかりやすいですよね、俺。でもそれが俺ですから（笑）。

もう無駄な時間は過ごしたくない。限りある格闘家人生を完全燃焼したい!!

浅倉カンナ

[復活のヒロイン]

「正直、現役はそんなに長くはやらないと思います。人生を格闘技だけで終えるのは嫌なんですよ(笑)。『そういえば浅倉カンナっていたね』くらいでパッと終わりたいので、だからこそ全力でやりきりたい」

収録日:2020年1月8日
撮影:タイコウクニヨシ
試合写真:©RIZIN FF
聞き手:井上崇宏

「あとから考えたら美憂さんに負けた頃は全然やっていなかったですよね。がんばっていた気になっていただけ」

――カンナさん、あけましておめでとうございます！

浅倉　おめでとうございます！

――そして12月29日の『BELLATOR JAPAN』でのジェイミー・ヒンショー戦の勝利、おめでとうございます。

浅倉　ありがとうございます。勝ってよかったです。なんかお父さんが「おまえが勝ったとき、井上さんが泣いてたぞ」って、めっちゃ笑ってましたよ（笑）。

――あのクソ野郎……。いやいや、そんなことよりカンナさん。またかわいくなりましたよね？

浅倉　えー。それ、最近よく言われるんですよ。なんでですかね？　そんな急激になるものでもないと思うんだけど……（笑）。

――やっぱり言われますよね（↑矢地インタビューのデジャブ）。

浅倉　ありがたいことに言われますね（笑）。

――前はちょっとアスリート美人というか、元気で笑顔のかわいいコって感じだったのが、いまは普通に大人の女性として「いいオンナだな～」ってなってます（笑）。

浅倉　もう22歳ですからね。今年23ですよ。

――いろいろな経験を経てこそですね。

浅倉　いろいろと経験して大人になっていくものなんですね（笑）。

――もうトレーニングは再開してるんですか？

浅倉　きのう（1月8日）今年初めて練習に行ったんですよ。試合で怪我もなかったし、ヒザがちょっとだけ痛いんですけど、それは打撲みたいな感じで靭帯をやったとかじゃないんで、ちょっとずつ始めてます。でも、まだもうちょっとだけ遊びたいですね（笑）。

――もうちょっと遊んでください。振り返ると、昨年6月の『RIZIN.16』で山本美憂選手に判定負けをして、あのときは精神的にどっぷりと落ちたと思うんですけど。

浅倉　あのときはかなり落ちましたね。それは、けっして美憂さんをナメていたとかじゃないんですけど、なんて言うんだろう、美憂さんにっていうよりも自分自身に勝てなかったというか。だからめちゃめちゃ悔しくて「もう、いいや！」って一瞬思っちゃったくらい落ちました。

――格闘技はもういいや？

浅倉　一瞬ですけどね。「もう嫌だ。これだけがんばってやってるのにどうして勝てないんだ」って思ったんですけど、あとから考えたらあの頃は全然やっていなかったですよね。がんばっていた気になっていただけです。美憂さんに負けたことでそこに気づけたのでよかったんですよ。私よりも美憂さんのほうが「絶対に勝ちたい」という気持ちが強かったんだなと。

――美憂さんはその後も進化が止まらないですよね。

浅倉　大晦日の試合（アム・ザ・ロケット戦）もビックリしま

した。完勝だったので。

――当時、カンナ選手からすると美憂さんはレスリングエリートとはいえMMAは遅れて始めた人で、やっぱり「絶対に負けられない相手」という認識でしたよね？

浅倉　そういう認識でした。レスラーとしては偉大ですけど、MMAファイターとしては負けちゃいけなかった試合だったんです。

――それが圧倒的なフィジカル差で、言っちゃ悪いですけど、カンナ選手のほうはほぼいいところなく敗れてしまい。

浅倉　ホントにあの試合は何も出せなかったですね。何が悔しかったかって聞かれてもよくわからないんですけど、とりあえずめっちゃ悔しかった。

――それでもう格闘技はやめちゃおうかみたいな？

浅倉　そこまではいかなかったですけど、「なんかつまんないな」って一瞬思ったというか（笑）。

――結果が出ないとつまんないですよね（笑）。

浅倉　そう。「なんだよー！」と思って（笑）。おととしの大晦日で浜崎（朱加）さんに負けたあと、DEEP（2019年3月9日『DEEP JEWELS23』前澤智に判定勝ち）を挟みましたけど、美憂さんとの試合がRIZIN一発目だったじゃないですか。それで負けたので自分に自信がなくなっちゃったというか……。

「RENAさんに勝ったときも戸惑いました。
『自分はまだそんなに強くないんだろうな』って
思いながらも優勝しちゃって」

——RIZIN2連敗で。レスリング時代と違うのは1敗の重みが違うというか、負けた相手とすぐに闘えるような機会も少ないですしね。

浅倉　そうですね。自分自身もまだまだどんどん上がっていけるはずなのに、あとからこの世界に来た美憂さんに先を越されちゃったっていう感じですね。

——しかし、そのあとのアリーシャ・ザペテラ戦（2019年8月18日『RIZIN.18』）では目に見えて強くなった姿を見せてくれたじゃないですか。とくに打撃の進化ですよね。美憂さんに負けたことで意識を変えたというか、やることも変えたりしたんですか？

浅倉　変えましたね。美憂さんと6月にやって、その試合が8月だったから、落ち込んでいる間もなくやらなきゃいけないじゃないですか。やっぱり気持ち的には落ちていたから最初は嫌々練習を再開した感じだったんですけど、やっていくうちに徐々に気持ちを上げていって。とにかく打撃はちょっとやらなきゃなっていうことと、美憂さんにはフィジカルでほぼ抑えられちゃったので、そこの2つかなと。そこはちゃんときっちりやりましたね。

——SNSを見ていると、とにかくフィジカル強化に向かいましたよね。

浅倉　フィジカルはやりましたね。でも、その頃はまだパーソナルをやってもらっていなくて自分でやってたんですよね。とりあえずパワーをつけようと思って、がむしゃらにやった感じです。

——「とにかくきのうよりも強くなろう」みたいな。

浅倉　そうそう。ジムに行ってウェイトをやって、それからスパーリングをしてみたいなのはやってましたね。

——もうひとつの打撃はどうやって強化したんですか？

浅倉　そのときは（那須川）天心に教えてもらっていました。

——TEPPEN GYMに行ってたんですか？

浅倉　いえ、天心がこっちに来てマンツーで教えてくれていたんですよ。そのおかげで打撃はかなりうまくなったと思います。ありがたかったですね。

——肉体的にも大人っぽくなったというか、短期間でできあってきた印象を受けているんですけど。

浅倉　どうなんですかね。自分の中で凄く変わったという感覚があるわけじゃないけど、試合の映像を観たら「けっこうデカくなってるな」っていうのは感じますよね。

——やっぱり1、2年前はまだ身体ができあがっていなかったですよね。

浅倉　たしかに。だいぶ身体ができてきましたよね。

——思えば、RIZINには女子高生ファイターみたいな感じで出てきて、格闘家として仕上がる前から試合をしていますからね。だからこそ伸びしろしかないというか。

浅倉　ファイターとして未完成なのに出ていた感じですよね。

——それでもRENAさんに勝ってスーパーアトム級トーナメントを優勝して。

浅倉　でも正直、RENAさんに勝ったときも戸惑いましたけどね。「自分はまだそんなに強くないんだろうな」って思いながらも優勝しちゃったので。「私よりも強い人はいっぱいいるんだよな」と思っていたのでちょっと複雑でしたけどね。

——それは浜崎戦の前にも言ってましたよね。「自分がトップじゃない自覚はある」って。

浅倉　そうそう。浜崎さんとか美憂さんって闘うことを何十年もやってきてのいまじゃないですか。それが私なんかはまだこんなキャリアで、そのレベルにすぐ持っていけるかっていったらなかなか難しいですよね。普通に考えたら。

——ましてや、「浅倉カンナがRIZIN女子のトップ」ということで、そういう強豪たちを呼び込みやすい状況を作ったのかもしれない（笑）。

浅倉　たしかにそれはありますね。悔しいけど（笑）。

——自らが招いた強豪たち（笑）。

浅倉　私が全員を招いてしまったんですよ。ホントにどんどん強い人が来るから困りましたもん。だから浜崎さんがRIZI

Nに来たときはもうビクビクしましたから（笑）。

――ビクビク！（笑）。

浅倉　ビクビクしましたよぉ（笑）。そこは冷静に自分の実力を判断できてましたもん。浜崎さんが来るってわかった瞬間に「おお……」って思ってしまいました。

――だから浜崎戦も「もう1年待ってほしい」って思っていたんですよね。

浅倉　それはずっと言っていたんですけど。「でも、やれと言うならやりますけど」みたいな。そうそう、そんなふうに思っていましたね（笑）。

「浜崎さんには負けてほしくなかった。ずっと浜崎さんのいる位置を目指していたのでちょっと複雑な感じです」

――でも2019年の後半で、見事に〝強くなった浅倉カンナ〟を披露することができましたね。ザペテラ戦、ヒンショー戦とホントにいい試合でしたよ。

浅倉　ザペテラ戦でだいぶ打撃が自信になりましたね。

――そしてヒンショー戦はアームロックで一本勝ち。やっぱり一本取るっていうのは同じ勝ちでも嬉しさが全然違いますよね？

浅倉　たしかにひさびさに気持ちよかったですね。今回、試合が決まってからもまったく緊張しなくて、当日会場に行っても緊張しないし、アップでケージの中に入っても緊張しなかったんですよ。だから「あれ？　全然緊張してないな。これはダメなパターンかな？」って思ったんですよ。いつもはちょっとソワソワしたりとか、アップ中もいい緊張感があるんですけど、今回はそれがまったくなかったので「ちょっとまずいかな」と思ったら逆でしたね。試合中も蹴り上げがポーンときたときに珍しくイラッときて「ああんっ⁉」って思いましたし（笑）。いままでそんなことはなかったので、これが自分のいいパターンなのかなってちょっと思いました。

――この短期間で、ファイターとしてはちょっと別人みたいに強くなった気がするんですよね。

浅倉　ホントですか？

――はい。ヒンショー戦はまちがいなく浅倉カンナのベストバウトでしょう。

浅倉　だからなんだろう、RENAさんに1回勝って、2回目にやるあたりから、なんて言うか「あまりアガっていかないな」っていうのがあったんですよ。

――気持ちが？

浅倉　気持ちもだし、よく「チャンピオンになったら難しい」って言うじゃないですか。

――モチベーションの維持。

浅倉　だから試合のひとつひとつにそれまで以上の伸びがなくなっちゃっていたというか。でも最近また格闘技が楽しくなってきましたね。だから、そうやっていい試合だったと思っても

らえるような闘いができているのかもしれないです。

――だからヤッチくんと似てるかもしれないですね。ＲＩＺＩＮでの過ごしてきた時間というか、最初に結果を出し続けてレギュラーの座におさまりつつも、あとから来た人に負けて「このままじゃダメだ」と意識を変えていったところとか。でも立ち直りも早くて、意識を変えてみたらまたちゃんと結果も出てっていう。

浅倉　やったことが結果となって表れてよかったです。

――さすがにレスリングへの未練はもうないですよね？

浅倉　もうさすがになくなりました（笑）。レスリングは普通に観客として観てるのはおもしろいから、やっと「本当にレスリングが好き」で終われましたね。もうさすがにないな。だって中学生とかとスパーリングをやっててもだんだん勝てなくなってきているし。

――あっ、レスリングだともうそうなっちゃいます？

浅倉　相手が中3くらいになってくると勝てなくなりますよ。

――あと美憂vsアム戦、浜崎vsハム戦をどんなふうに見たのかを知りたいんですけど。

浅倉　自分はアム選手とは「正直やりたくないな」と思っていて。普通だったらやりたくないはずなのに、それをやっちゃうのが美憂さんですよね。でも私の予想としては「1ラウンドを凌ぎ切ったら美憂さんかな」とは思っていたんですよ。だけどあそこまで圧勝するとは思わなかったです。「美憂さん、こん

なスピードで強くなるんだ。ここからどれだけ伸びるんだろう」って。私と試合したときよりも、またさらに強いんだろうなって思いますね。だからちょっと焦りがあります。

「格闘技が好きでやっているだけだから、練習をして試合をして、それ以上のものがほしいという気持ちがないんですよ」

――自分も強くなっているのに、差が縮まらないというか。

浅倉　そういうことですよ。美憂さんの試合を見たら焦りというか、普通に「美憂さん、カッコいいな」っていうのもあるんですけど（笑）。このままいったらヤバいなと思って。

――「あんたも同じスピードで強くなっとるやん！」って（笑）。

浅倉　そうなんですよ（笑）。だから美憂さんってホントに闘うことに向いてるんだろうなって。それと浜崎さんとハム選手の試合は、みんながホントにいちばん観たかった試合ですよね。こう言っちゃうのは悔しいけど、やっぱりちょっと異次元でしたね。観ていてレベルが1個抜けてるんだなと思ったし、浜崎さんに負けてほしくなかったんですよ。私は浜崎さんに負けてから、ずっと浜崎さんのいる位置を目指していたので、なんかちょっと複雑な感じです。

――浜崎さんがてっぺんであってほしかった。

浅倉　そうなんですよ。ずっと追っていたから「こんなことがあるんだ」って、なんか変な感情ですね。「強い人っていっぱいいるんだなあ。凄い世界だなあ」って。だってあの人たちだって、これからまだ強くなるじゃないですか？　そりゃ「私は何してんだ！」ってなりますよ（笑）。いろいろ考えてみると、もっと早くからフィジカルをやっていればよかったとか、もっと打撃を試合で出していればよかったなとか、いろいろな後悔があるんですけど、あの人たちは何十年もやってきてあれだけの強さを手に入れているわけだから、私はそれよりもやらないと差が縮まらないじゃないですか。ただ、その反面、「そんなに長くもやれないな」っていう。

――格闘技を長くやるつもりがない自分もいる（笑）。

浅倉　そう！（笑）。だからこそ、短い時間でもっともっとやらなきゃいけないんだって。

――以前から言っているように、もともと長く格闘技をやるつもりはないと。今年23になりますけど、イメージだとだいたいいくつくらいまでっていうのはあるんですか？

浅倉カンナ（あさくら・かんな）
1997年10月12日生まれ、千葉県柏市出身。総合格闘家。パラエストラ松戸所属。
小学1年生よりレスリングを始め、中学では全国中学選手権準優勝、選抜大会優勝、クリッパン国際大会優勝、高校でインターハイ3位。2014年10月4日『VTJ6th』で総合格闘技デビューし、その後修斗やパンクラス、DEEP JEWELSに参戦。2016年12月29日にRIZINデビュー。2017年大晦日に女子スーパーアトム級トーナメント決勝でRENAを破り優勝するが、2018年大晦日での初代王座決定戦で浜崎朱加に敗戦。2019年6月『RIZIN.16』でも山本美憂に敗北を喫するが、8月『RIZIN.18』でアリーシャ・ザペテラを、12月29日『BELLATOR JAPAN』でジェイミー・ヒンショーに勝利して復活を遂げた。

浅倉　正直、そんなに長くはやらないと思います。とにかく今年1年全力でやってみて、そこで考えようかなと。もしかしたらいま以上に格闘技が楽しくなっていて「もっとやってみよう」と思ったら続けると思うし、先のことはわからないですけどね。

——えっ、今年いっぱいで現役を終える可能性もある？

浅倉　とりあえずここから1年やってみて、そのときの感情ですよね。でもそんなに長くはないとは思います。

——本気で言ってます？

浅倉　はい。これはずっと言っていますし、そこからブレていないんで。

——なんでブレないんですか？　苦しい練習をやっただけのことが結果となって出ていて、また格闘技が楽しくなってきたのに。

浅倉　なんなんですかね？　でも正直、こういう世界ってうまくいかないことのほうが多いじゃないですか？　レスリングをやっていた頃から、強くなるために日々練習をやるという生活をずっと送ってきたので、ある程度の目処というか区切りをつけておいたほうが自分的にはがんばれるのかなって。だから長々と続けるよりも、ある程度「ここらへんまで」って決めておいたほうが。

——その限りある時間でがんばりたい。

浅倉　そうなんですよ。それなら何を犠牲にしてでもがんばれるっていうのはありますね。人生を格闘技だけで終えるのは嫌なんですよ（笑）。格闘技ファンの方からはある程度名前も覚えてもらって、応援していただいてたりもしますけど、格闘技をやっているといいこともあれば悪いこともあるんですよ。だから自分としては「ああ、そういえば浅倉カンナっていたね」くらいでパッと終わりたいというか。

——格闘技をやっていて悪いことって、たとえば？

浅倉　もともと目立ちたがり屋じゃないんですよね。だから、たぶんまわりの格闘家とは違うんですよね。「俺を見て！」「私を見て！」っていうのが全然ないんです。でも、もちろん応援されているのは凄くうれしい。

——この世界でど真ん中に立ってやろうという気概がない。

浅倉　ないです。格闘技が好きでやっているだけだから、練習をして試合をして、それ以上のものがほしいという気持ちがないんですよ。ただ格闘技が純粋に好きで、応援してもらえることがうれしい、単純にそれだけなので。たとえば「テレビに出たいですか？」って聞かれても、そこまででもないし、私ってホントにそういうタイプじゃないんですよ（笑）。自分の中ではレスリングの延長みたいな感覚でいるので。

——つまり悪いことというのは、目立つための努力や行動をすることが無理ってことですね。

浅倉　しかもレスリング時代の同期たちはもう引退なので。大学4年だから今年の3月でみんな卒業して、ほとんどの人がそこで引退することを考えると、もともと自分自身も「ここまでがんばろう」と思っていた時期なんですよね。

――そう思うと、話の辻褄が合ってますね。

浅倉　そうなんですよ。

――じゃあ格闘家でありながら、まだちょっと駒沢とか代々木の体育館でやっている気分というか（笑）。

浅倉　まだその気分はあります（笑）。レスリングに未練はないですけど、強くなりたくてやってるだけっていうのはずっと同じですね。

「25歳くらいまでには結婚したいので、そのためにも格闘技をやりきっておきたい。早く子どもがほしい！」

――それがいまはさいたまスーパーアリーナという大きな舞台になっているだけで。

浅倉　本当にナメたことを言ってるのはわかっていますけどね。

――いや、それは個々の考えですから。「自分には時間がない、だからもっとがんばらなきゃ」っていうのはナメてないですよ。

浅倉　そうやって勝手に焦ってるんですよ。でも、みんなからすればナメてると思われちゃうかもしれないですよね。

――いや、ナメてないでしょう。「勝っても負けてもあと1年」っていうわけではなく、「あと1年、燃え尽きるくらいやろう」ってことですもんね。

浅倉　そう！「全部を出し切る1年」みたいな。そういう感覚ですね。

――ひょっとして、いい人ができました？

浅倉　できませんよ（笑）。できませんけど、結婚もちゃんとしたいじゃないですか。25くらいまでには結婚したいので、そのためにも格闘技をやりきっておきたい。やっぱり格闘家って男の選手はホントにモテるじゃないですか。でも女子ってモテないんですよね。人にもよるんでしょうけど、そうなんですよ。そういうのって今後の人生にもかかってくるんで（笑）。

――浅倉カンナの結婚あこがれっていうのは、どこから来てるんですか？

浅倉　えーっ、どっからなんだろう？　でも子どもが好きなんですよ。お兄ちゃん家族が地元に戻ってきて、お兄ちゃんの子どもと接する機会が増えたんですけど、ホントかわいくて。そういう影響もあるのかもしれないですね。もともと結婚は早めにしたいってずっと思っていたんですよ。

――じゃあ、早く子どもがほしい？

浅倉　子どもがほしい！

――人んちの子どもがこれだけかわいかったら、自分の子どもだったらどうなるんだ？ってことでしょ（笑）。

浅倉　そう！（笑）。「どうなっちゃうんだろう」って。だって電車とかに乗っていて見かけるまったく知らない人の家の赤ちゃんですらすっごいかわいいなと思うのに、自分の子だったらどんなもんなんだろうって。キラキラしちゃいますよね。だか

ら結婚はちゃんとしたいです。いままでの女子選手で「あれ、もう終わりなの?」っていう感じでやめていった人ってあまりいないじゃないですか。そういう新しい道じゃないけど。

――こういうパターンもありだよねと。

浅倉　それを自分でやれたらいいかなと思ってます。

――だから、わがままと言えばわがままですね。

浅倉　だいぶわがままですよ（笑）。

――そっちの幸せも絶対に掴むからみたいな。

浅倉　いろんな意見があるんでしょうけど、結局は自分の人生は自分で選ばないと。わかんないですけどね、1年後に格闘技が楽しくてやめたくなってるかもしれないですし。

――それもだし、結婚したい相手がしばらく見つからないかもしれないし（笑）。

浅倉　たしかにそれはありますね（笑）。

――だって、そんなさくっと旦那なんか見つからないでしょう。

浅倉　理想です。もう意地でも見つけたい（笑）。

――練習の合間に（笑）。

浅倉　格闘技に興味がなくても全然いいですからね。選手をやっている間は理解ある人じゃないとたぶんやっていけないですけど、終わって普通の人になったらそこは求めないです。

――人を好きになりやすいタイプですか？

浅倉　全然。そんなに恋愛体質ではないかもしれないです。

――でも、ほだされるタイプではあるんじゃないですか？「好

きだ」って来られると、なんとなく「あっ、ありがたいな」って思っちゃいがちというか（笑）。

浅倉 「あっ、私も好きなのかな?」みたいになっちゃうときもあるし、来られすぎて「ああ、ちょっと違う……」ってなっちゃうときもあるし、そこはわからないですけど、恋愛で自分からいったことはあまりないんですよ。自分から「すっごい好き!」っていうのはないですね。してみたいな、そういう恋も（笑）。

「今年の大晦日、そこで獲っても獲れなくても タイトルマッチができるところまで上がっていきたい」

——こうして気がつけばいつも恋バナ。すみません（笑）。でも「もしかしたら今年で引退」っていうのはかなり衝撃ではありますけどね。

浅倉 これはまだ誰にも言っていなかったんですけどね。

——そして25までに結婚を。

浅倉 理想の流れは。

——じゃあ、スーパー理想でいうと今年の大晦日にタイトル挑戦までたどり着きたいですよね。

浅倉 そこで獲っても獲れなくても、タイトルマッチができるところまで上がっていきたい。

——うわ〜、そんなことになったらまた泣いちゃいますよ。どうするんだろ（笑）。

浅倉　もう最後は全員泣かせたい！（笑）。

――なんですか、その願望？（笑）。

浅倉　でも大晦日まで、やれたとしても3試合とかじゃないですか。どうなるかわからないですけど、もう無駄な時間は過ごしたくないっていうか……でも、そんなにうまくいくはずはないんですよ、きっと。

――思い通りに進んできたことが少ないですからね（笑）。

浅倉　だからこうなってるのに（笑）。なので最後の最後だけうまくいくなんてことは絶対にないんですけど、理想はあったほうがいいなって。

――すべて自分に返ってくることだから、ここでやりきらなきゃ婚期も遅れるし。

浅倉　そういうことです（笑）。

――結婚式は呼んでくださいね。

浅倉　もちろん呼びます。

――私、結婚式でたぶん「えっ?!」っていうくらいに泣くかもしれないです。もうトシなので（笑）。

浅倉　やっぱりもう自然と涙が出てきちゃう感じなんですか？

――お漏らしに近いですね（笑）。でも年末の試合で泣いちゃったっていうのは理解してくれるでしょ？

浅倉　うれしかったですよ（笑）。

――単純に、がんばっている人にちゃんと結果が出てよかったという嬉し涙ですよ（笑）。

浅倉　ホントひさびさにがんばった結果が出たなって思いましたね。乗り越えられてよかった。

――やっぱり必死こいてやって結果が出ないのはね。ただ、これはレスラーあるあるで、レスリング出身者って敗戦からの立ち直りが早くないですか？

浅倉　たしかに早い（笑）。

――瞬間的に落ちて、その日の帰り道ではガリガリ君食べてるみたいな（笑）。

浅倉　そうなんだよなあ。不思議ですよね。ただ、私はレスリングは高校までしかやっていなかったので、全日本とかオリンピック出場をかけるレベルとかになるとまた感覚が違うんでしょうね。でもたしかに立ち直りというか、開き直りが早いのかもしれない（笑）。

――では、とにかく2020年もがんばってください。

浅倉　がんばりながら楽しくやっていきたいと思います。その結果、自分の気持ちがどうなっているのかわからないので、そこも含めて楽しみです。

鈴木みのるのふたり言

第79回

『2020年の俺』

構成：堀江ガンツ

――鈴木さん、あけましておめでとうございます！　まあ、この号が発売される頃にはもう2月になってるんですけど（笑）。

鈴木　2月って、いつまで正月気分なんだよ！（笑）。

――とりあえず今年もよろしくお願いします！　ここのお店『パイルドライバー』は、正月から記録的な忙しさだったみたいですね。

鈴木　ここ数年は毎年そうだけど、気が狂いそうになるくらい忙しかったね。商品は棚にビッチリ、ドン・キホーテかってくらい積み上げたんだけど、それがほとんど売れて。1月3日の初売りなんか12時から20時まで俺は入口で立ちっぱなし、ずっと混雑してるコンビニ状態。凄かったね。

――今年はドーム2連戦がありましたから、例年よりもさらにって感じですか？

鈴木　3割増しくらいかな。売り上げでいうとそのくらいだね。あと、この連載を書籍化した『ギラギラ幸福論 白の章』もバカ売れしたよ。

――おー、そうですか。版元の徳間書店も正月のパイルドライバーでのバカ売れを見越して、強引に年末搬入したかいがありましたね（笑）。

鈴木　ウチだけでもう300冊ぐらい売れてるから。

――近々、『ギラギラ幸福論 黒の章』も出るらしいのであわせてよろしくお願いします（笑）。

鈴木　ただ、言っておくけどウチは本屋じゃないからね。「革のブックカバーがほしい」って言ってたお客がいたけど、そんなの自分で東急ハンズに行って買ってこいよ（笑）。

――ここから渋谷東急ハンズまで歩いていけますしね（笑）。

鈴木　「パイルドライバーのがほしいんです！」って知らねえよ（笑）。

――パイルドライバーは鈴木さん自身が「ほしいもの」が置いてある店ですもんね。

鈴木　そう。だから「パイルドライバーでこういうものを作ってください」ってよく言われるんだけど、そういうのはほかの店でいくらでも売ってるからそっちで買ってって。服もさ、「2XLを作ってください」

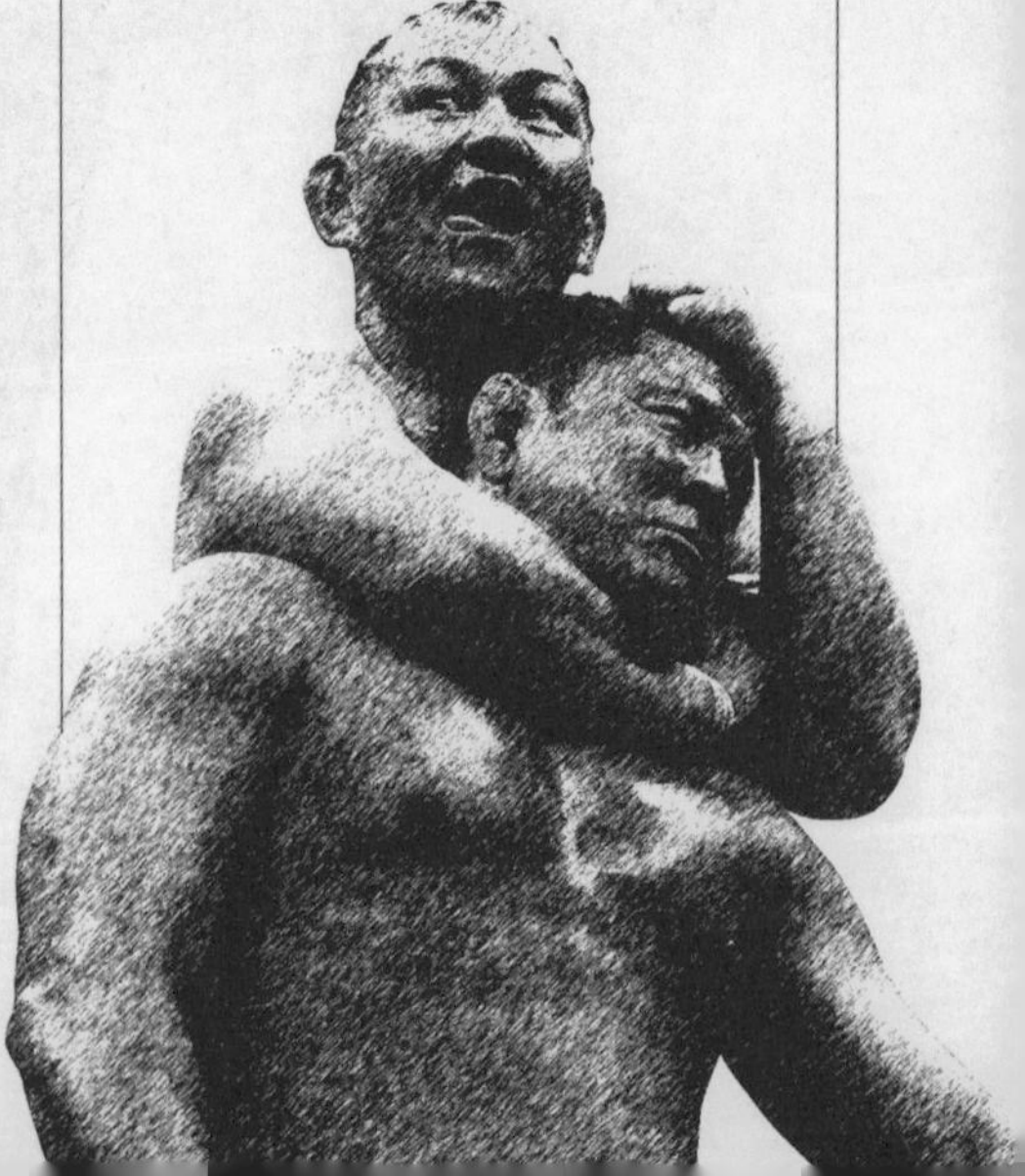

とか言われるけど、『しまむら』に行けば新日本のが売ってるからそれでも買ってくれって（笑）。

——たしかに『しまむら』は新日本のウェアがサイズともに充実してますね（笑）。

鈴木　ウチの商品は俺のサイズに合わせて作ってあるから、2XL、3XLを作ると柄が小さくなってバランスも崩れるからさ。基本は俺が着たいものしか作らないってコンセプトの店だから。そこは絶対にブレないでいこうと思って。

——それこそがパイルドライバーブランドの特徴でもあると。

鈴木　うん、そうだね。マーケティングに基づいたものは全国展開している売り上げ至上主義のお店がやればいいわけだし。ウチは俺が作りたいものを手が届く範囲でサイズ展開して、それがほしいっていう人にきてほしい。

——話を無理やりプロレスに結びつけると、WWEなんかは世界中を相手にしているから〝最大公約数〟みたいなプロレスを提供しようとしていますけど、鈴木さんはそれとは違う〝自分だけのプロレス〟を見せようとしているわけですよね？

鈴木　うん。俺のプロレスを見たい人に見せる。いま俺がやっていることを欲している人は世界中にたくさんいるからね。今年の上半期だけですでに海外からのオファーが6件あるから。スケジュールの都合もあるから実際にどれだけ行けるかはわからないけど。

——海外からのオファーっていうのは鈴木さんが唯一無二だからこそ、わざわざ渡航費をかけてでも呼びたいってことですもんね。

鈴木　だと思う。

——それは国内でも同じじゃないですか。1月5日の東京ドームではジョン・モクスリーがランス・アーチャーに勝ったあと、鈴木さんが登場してもの凄い歓声だったじゃないですか。「これが見たかった！」って感じで。

鈴木　まあ、この試合も日本のファンと海外のファンは受け取り方が違うんじゃないかと思うけど。言っても日本のファンはモクスリーってあんまり知らねえじゃん。

——昨年のG1全戦に参加してるのでだいぶ浸透してきてると思いますけど、ディーン・アンブローズ時代を知らないファンはたくさんいるでしょうね。

鈴木　海外のファン、もしくはWWEのファンはもともとのディーン・アンブローズを見てイメージはあるけど、すでにアンブローズとモクスリーは違うスタイルになってるんだよね。まあ、どっちにしろ俺が動けば世の中が動くんだと思ってるから。そういや東京ドームでおもしろい話があるよ。

——なんですか？

鈴木　テーピングを借りようと思ってトレーナールームに行ったら坂口（征二）さんがマッサージを受けていたんで、「あっ、坂口さん、あけましておめでとうございます」って言ったら「おう！　おまえ、ちょっとこい！」って呼ばれて。「この歳になってまだ何か言われるのか？」って思ったんだけど、若手の頃からそうだったからさ（笑）。

——30年前からお小言をもらい続けてますか（笑）。

鈴木　そうしたら「俺、おまえの本を読んだよ」って言われて。

――えーっ？（笑）。

鈴木 『ギラギラ幸福論』なのか、その前に出した『プロレスで「自由」になる方法』なのかはわかんないけど「おまえの本を読んだよ」って言われて。「おまえがウチを辞めてUWFに行くとき、『最初からおまえのことなんか切るつもりだったからよかったよ』なんて言ったか？　俺、記憶にないんだけど」って言われて「うわー、読んでる……」と思って（笑）。

――未払い分のギャラが入った封筒を投げつけられたってやつですよね（笑）。

鈴木 それでゲラゲラ笑いながら「坂口さんじゃないっスよ。だから名前を書いてないじゃないですか」って言って。『俺こんなことしたっけな？』と思って、ずっとおまえに会うまで心苦しかったよ」って言われて「ホントに失礼しました！」って（笑）。

――あのとき、坂口さんには「あっちに行け」って言われたんですよね（笑）。

鈴木 坂口さんには「身体を気をつけろよ」って言われたあと、手で追い払われた（笑）。だから坂口さんには何も思うところはなくて、坂口さんが引退するときは俺も花を贈らせてもらったりしたし、いまもこうやって話せるんだけど。「じゃあ、誰だ？」って話になって「えっ、もういいじゃないですか。もう昔のことなんで」って。「当時、契約の席に坂口さんとあの人とあの人がいて、その2人を思い出せばわかりますよ」って言ったら「あー、○○か」って（笑）。これ、名前は書かないでね。

――某フロント幹部ですね（笑）。

鈴木 でも坂口さんが俺の本を読んでたっていうのが笑えるよ。しかも「俺、そんなことしたっけ？」って悩むっていうね。ちょっとかわいい（笑）。坂口さんはもう80近いよね？

――70代後半ですよね。たしか猪木さんより1歳上ですもんね。

鈴木 そうそう。ちょっと上なはずなんで。あの歳でまだまだ元気だよね。あと東京ドームでは懐かしい人にたくさん会ったよ。ライガーの引退試合があったからさ。ひさしぶりにエル・サムライにも会って「うおー、マツ！　なにしてんだ！」って言ったら「マツじゃねえよぉ」って。

――あのしゃがれ声で（笑）。エル・サムライ選手って鈴木さんよりちょっと先輩ですよね？

鈴木 飯塚（高史）と同期だから2年先輩。

――なのに「松田さん」じゃないんですね（笑）。

鈴木 「マツ」だね。入門して2カ月くらいで順番が入れ替わったんだよ。

――なぜか序列が（笑）。

鈴木 「おい、鈴木！　これやっておけ！」って先輩から言われると「はい！」って返事だけして、「松田さん。これ、あの人がやってくれって言ってますよ」って回して。

――なぜか雑用がスライドされると（笑）。

鈴木 めんどくさいからね。

――サムライ選手には先日『KAMINOGE』でもインタビューさせてもらったんですけど、「鈴木みのるにはスパーリングでまったくかなわなかった」って素直に認めてましたよ（笑）。

鈴木 そこで序列が入れ替わったんだよ。まあ、でもマツとひさしぶりに会えて、なんかうれしかったね。

――では年始なので、今年の抱負みたいな

ものも聞かせてもらえますか？

鈴木　２０２０年は東京オリンピックに負けず、世界中いろんなところで、いろんな人とプロレスをやりたいね。そしていろんな人にプロレスを見てもらいたい。いま新日本プロレスがブームになって、その影響でプロレス自体の人気が底上げされてきていて、業界全体が潤い始めた気がするんだよ。

——いま、後楽園ホールを満員にしている団体っていくつもありますもんね。

鈴木　外国人のお客も増えてるからね。ウチのスタッフにさやかっていうのがいて、アイツはガトームーブ（我闘雲舞）に出てるんだけど、ちっちゃな小屋みたいな会場の半分以上が外国人のファンだって。

——そんなにもですか？

鈴木　30人も入れば満員みたいな会場らしいけど（笑）。ウチに来るお客さんにも聞いたら「ガトームーブに行かなきゃ本当のプロレスオタクじゃない」みたいなことを言ってて話題になってるんだよね。さくらえみ、里歩とかがＡＥＷに出てるっていうのももちろんあるんだろうけど、紐解いていくとそんなちっちゃなスペースにマットを敷いて、かわいらしい女のコが意外と凄い技をグルグルやるわけじゃん。しかも目の前で。これはお座敷プロレスだよ。芸者遊び。

——たしかにそうですね。目の前でやってくれるわけですからね。

鈴木　ロープもなく、座っている目の前でやってるんだから。たしかにそれを見なかったらプロレスオタクじゃないよね。「こんな世界があるんだ！」ってなるよね。日本はすげえなって（笑）。

——ニッチな意味でもプロレス先進国なんだと（笑）。

鈴木　その一方で新日本の東京ドームもあってね。だから俺もそのへんは区別なく、出られるチャンスがあればいろんなところに出ていきたいよね。国内でも新日本以外にもたくさんの団体からいまも話をもらってるんで。試合数が多くてなかなかスケジュールが合わないんだけど。おもしろい話をもらってるんで、タイミングとお金が合えばどこでも行きますよ。

——キャリア30年を超えて、さらにいろんなプロレスをやりたいっていうのも凄いですね（笑）。

鈴木　デビュー以来、いまがいちばん売れてるからね。毎年オファーが増えていってるから。世界中から。

——だからこそ新日本の２・９大阪城ホールで、鈴木みのるvsジョン・モクスリーという世界に響くカードが組まれてるんでしょうしね。

鈴木　それはもちろんなんだけど、ぶっちゃけそこを最終目標にはしてないし。来年の東京ドームは俺がベルトを持って入場しなければいけないって毎年思ってるんで。そして２０１９年のプロレス大賞ＭＶＰが発表されたけど、去年のＭＶＰとベストバウトは俺だった。だけど選出はされなかった。

——そういう自負はあると。

鈴木　そんな賞レースを目標には生きていないけど、２０２０年も俺がベストバウトであり、ＭＶＰであるという自信を持ってやっていきたいね。

東京五輪の聖火ランナーに選出されたご両人!
200メートルで生き様を表現するぞ、オリャ!!

谷津嘉章×玉袋筋太郎

「『義足でも必死に走ってるんだな……』って思ってもらえるように、1メートルに1回転びながら時間かけて走ったほうがいいんじゃないかなって」

［栃木県足利市ランナー］

［東京都檜原村ランナー］

「谷津さんのオリンピックをめぐる話は『いだてん』を超えてるよ! あとでトーチがメルカリに出品されてたら俺は谷津さんを疑いますから（笑）」

収録日：2020年1月5日
撮影：タイコウクニヨシ
構成：堀江ガンツ

TOKYO 2020
TOKYO 2020
TOKYO 2020

「右足を切断して、俺はホントに3カ月後に走れるようになってるのかっていう不安は正直あるね」（谷津）

——玉さん！　今回は変態座談会を1回お休みして、玉さんと谷津さんの東京オリンピック聖火ランナー対談としておこなわせていただきます！

玉袋　うれしいねえ。谷津さんと聖火ランナー同士で『KAMINOGE』で対談できるとはね。

——これから「新・五輪コンビ」って呼ばせていただこうかと思って（笑）。

玉袋　うまいこと言うねえ、おまえ（笑）。

谷津　玉ちゃんも聖火ランナーに決まったんだね。じゃあ、聖火ランナーのたいまつ（トーチ）、あれを買う案内がきたでしょ？

玉袋　きたきた！

谷津　あれ、7万円かかるんですよ。

玉袋　高えんだよぉ。

——ニュースで見ましたけど、あれってランナーが買わされるんですね（笑）。

谷津　任意なんだけどね。走ったからには買わなくちゃならねえのかなっていう感じでね。ただ、買ったってほかになんにも使えないでしょ？

玉袋　飾っておくだけですよ（笑）。

谷津　あんなの普段から持ってウロウロしてたら放火魔になっ

ちゃうからな（笑）。

――もしくは洞窟探検ぐらいですかね（笑）。

玉袋　ドラクエウォークじゃねえんだから（笑）。あれ、福島の（東日本大震災）仮設住宅の廃材を再利用してるんだよな。

――あっ、そうなんですか。

玉袋　それで作ってるらしいよ。加工をして。

谷津　玉ちゃんはどこ走るの？

玉袋　ボクは東京なんですよ。檜原村で観光大使をやらせてもらってて。

谷津　あっ、そう。なんかそういう縁故で決まるんだよな。自分は栃木の足利で、勝俣（州和）くんと一緒なんですよ。彼は栃木出身じゃないんだけど、足利の知的障害者の学校（こころみ学園）と交流があるらしくて、それで決まったとか聞いたな。

玉袋　谷津さんはいつ走るんですか？

谷津　俺は早いですよ。聖火リレーは福島でスタートして、次は栃木だから。

玉袋　あっ、じゃあ春ぐらいからですか？

谷津　3月29日の日曜日。

玉袋　俺は7月12日だから、それはずいぶん早いなあ。

谷津　東京はずっとまわって最後だもんな。

玉袋　でも谷津さんが先日出した本（『さらば闘いの日々』宝島社）を読ませてもらったんですけど「糖尿病で右足を切断しても、義足で聖火ランナーになる」って宣言してて、実際にち

やんと聖火ランナーに決まってリハビリに励んでるところが素晴らしいなって。

谷津　ただ、決まったはいいけど、あと3カ月ちょっとしかないからさ。「俺はホントに3カ月後に走れるようになってるのか?」っていうのは正直あるね。

玉袋　右足を切断して、まだ半年ぐらいしか経ってないわけですもんね。そりゃ走れるようになるには大変だわ。

谷津　だから自分の場合は聖火ランナーとして走るために義足屋さんが要るし、リハビリテーションのスタッフも要るっていうことで、全員が持ち上げてくれないとできないからね。チーム谷津、チーム足利がいてはじめて走れるわけだから。

玉袋　みんなで力を合わせて走るってことですね。

谷津　でもランナーひとりが走る距離って、300メートルぐらいでしょ?

玉袋　いや、約200メートルですね。1ハロンなんで。

谷津　たぶんね、200メートルなんてあっという間に終わっちゃいますよ。

玉袋　ボクはもう全速力で走ろうかと思ってて(笑)。

谷津　もったいないよな(笑)。

玉袋　でも、なんかやらねえといけねえかなと思って、途中で仲間を仕込んでおいて、そいつのタバコにトーチで火をつけようかなとか。トーチのかわりにビアジョッキを持って、飲みながら走ろうかなんて考えたんだけど、そりゃバチ当たりだなって(笑)。

谷津　俺もせっかく走るんだから、ちょっとは目立ちたいんだけどさ。栃木の小山市にイーグルプロレスっていう団体があるでしょ。あそこの連中はマスクマンが多いんだけど「谷津さん、マスクを被って沿道を走りますよ!」みたいなことを言ってるからさ。「おまえらが沿道を走ったら俺よりも目立つじゃねえか!」ってね(笑)。

玉袋　途中で谷津さんがマスクを剥いだりしてな(笑)。

「アングルを作ろうとしてる聖火ランナーは谷津さんだけですよ!　沿道になぜかミスター高橋がいたりしてな」(玉袋)

谷津　それとリハビリの先生たちも「谷津さん、じゃあ足を替えましょう。もっとアシスト力が強いやつにしましょう」って。

玉袋　ああ、パラリンピックの陸上選手なんかが使ってる、カーボンでできたビヨーンっていう凄いやつがあるんですよね。

谷津　だけどたった200メーターなのに、そんなカーボンを着けて走ったら、「あれ、谷津さんはもう走っちゃったの?」っていうので終わっちゃうから。逆に転んでみたりしたほうがいいんじゃねえかなって(笑)。

玉袋　ああ、それはいいですね。必死に立ち上がったり、這って歩いたりして(笑)。

谷津　「谷津は義足でも必死に走ってるんだ……」って思ってもらえるように、転びながら時間かけて走ったほうがいいんじゃないかなってね。

玉袋　そこはプロレスラーですねえ（笑）。

――苦しみから立ち上がる姿をちゃんと観客に見せると。

谷津　1メートルに1回、なんかやろうと思って。200回分のアングル作ってな（笑）。

玉袋　アングルを作ろうとしてる聖火ランナーは谷津さんだけですよ！（笑）。

谷津　流血までしたら「やりすぎ」って言われるだろうけどな（笑）。

玉袋　沿道になぜかミスター高橋がいたりしてな。こんなことばっかり言ってたら怒られるよ（笑）。

――聖火リレーをなんだと思ってるんだと（笑）。

玉袋　だから実際はボケとかできねえからさ。まあ、懸命にやるよ。

――谷津さんも3カ月後の本番に向けて、なんとかリハビリをして、しっかり身体を作って聖火リレーに臨むわけですよね。

谷津　なんかオリンピックには不思議と縁があるんだよね。1976年のモントリオールに出場して、80年のモスクワはボイコットで出られなくて。そういうのがあって去年は右足がなくなって、今度は聖火ランナーとして原点に戻るみたいなね。

玉袋　プロレスに入ってからはジャンボ鶴田さんとの五輪コンビですしね。

谷津　去年、DDTに出たときもコスチュームに五輪を使おうとしたらさ、いまは商標登録とかでIOCがうるさいからさ、「五輪はやめましょう」ってDDTの高木三四郎大社長に言われてね。「じゃあ、何がいいんだよ？」って言ったら「八輪（やつりん）にしましょうよ、八輪」って。「なんだよ、八輪って？」って言ったら「谷津さんの八輪ですよ！」って。五輪の輪が3つ増えちゃったのかって（笑）。

――五輪を超えた存在だと（笑）。

谷津　それで僭越ながら五輪に3つ足して八輪になったんだよ。そんなことやってるからバチが当たって足切るハメになったんだよな（笑）。

玉袋　いやあ、でもそれを笑って言える谷津さんが凄い！

谷津　まあ、俺もそうやって五輪コンビをやったり、実際にオリンピックに出たりしてたから、もし足を切ってなくても、今年あたりは「谷津さん、オリンピックですね」ってなんらかの話はきたと思うんだよ。でも足を切って聖火ランナーが決まったことで、インパクトが半端じゃなくなってる。

――パラリンピックもありますしね。

谷津　だからいいんだか悪いんだかわからないけど、オリンピックっていうのと、1980年のモスクワ五輪ボイコット、あれから40年経ってるんですよ。

玉袋　あれから40年か。谷津さんの人生はすげえな～。

谷津　代表選手が決まってからボイコットしたのは俺たちが最初で最後なんですよ。政治とスポーツは関係ないって言っても結局ボイコットしちゃったからね。で、その代で言えば、一般的に知られてるのは柔道の山下泰裕、あとはマラソンの瀬古利彦。

――宗兄弟もですよね。

谷津　あの連中の中でいま山下が出世しちゃってね、JOCの会長になっちゃったでしょ。それで全柔連の会長にもなってる。それで去年、山下が東京五輪大会組織委員会の森喜朗先生に提案して、幻のモスクワ五輪代表の連中を絡める形で聖火ランナーを決めるっていう話があったんだよ。で、その話が出たのって、俺が足を手術した翌日だったんですよ。

玉袋　えーっ⁉

谷津　足がなくなった直後で、ちょうど俺が落ち込んでるときに、それをWEBニュースで見て「あっ、俺の活路はこれだな！」と思ったよ。「これに向かってがんばればいいや」って。それまではホントに気持ちが塞いじゃってたんだけど、1日か2日したら「落ち込んだってしょうがない。どうもこうもねえや」ってな（笑）。

玉袋　そうやってすぐに気持ちを切り替えられるのが谷津さんの凄さだよな～！

谷津　そうしたらどこで聞きつけてきたのか、某週刊誌Fが病院まで来ちゃってね（笑）。

――火曜日発売のほうの某写真週刊誌F（笑）。

玉袋　金曜日じゃねえほうな（笑）。

谷津　それがすっぱ抜いて「谷津が足を切断」ってバーッと出ちゃったでしょ。あの取材がきたとき、「どっちみち隠していてもいつかはバレるんだからいいや」って思ってね。だから彼らに言ったわけよ、「おまえらも俺を出すんだから、聖火ランナーになるのを応援してくれ！」ってね（笑）。

「俺は63歳だからもうひと花咲かせたいっていう未練というか、野心があるんだよな」（谷津）

玉袋　バーターですね（笑）。

谷津　「マスコミの力で世の中にちょっと啓発してくれ」ってね（笑）。で、俺は最初ＪＯＣが正式に幻のモスクワ代表を聖火ランナーとして招集してくれるのを待とうと思ったんだけど、「谷津さん、それは決まるかどうかわからないから一般応募しましょう」って言われてね。「一般応募ってどうすんの？」って聞いたら、なんか自分のゆかりの地についての作文を書いて、推薦人がいれば、あとは選考待ちだって言うからやるだけやってみたわけよ。もし山下が招集しなかったらそれで終わっちゃうからな（笑）。

玉袋　せっかくリハビリしたのにってなりますよ。

谷津　それに聖火ランナーになれば、そのあとなんか生まれてくるんじゃねえかってさ。

玉袋　なんか生まれてくるっていうのは、仕事の話ですか？（笑）。

谷津　あんまり大きな声じゃ言えないけどな（笑）。これが75歳で足を切ったならあきらめがつくんだけど、俺は63歳だから、もうひと花咲かせたいっていう未練というか、野心があるんだよな。だからリハビリして聖火ランナーをやったあとは、プロレス復帰しようかと思ってね（笑）。

玉袋　義足で凶器攻撃しちゃったりして（笑）。

谷津　実際、義足はすぐに取り外しできるからね（と言って、義足を外す）

玉袋　おー！

谷津　手で持ってこう殴ると、〝かかと落とし〟ができるから（笑）。

玉袋　ガハハハ！〝義足かかと落とし〟ができるのは谷津さんぐらいですよ！（笑）。

谷津　そういうのがあってもいいかなって。要するに我々の世界、プロレス界っていうのはなんでもありみたいなものでしょ。プロレスだったらワカマツさんみたいな悪役マネージャーでもいいしさ、なんかやることあるだろうって。俺もこれから生活しなきゃいけないわけだから。

玉袋　そうですよ。まだまだがんばらなきゃいけない歳ですもん。

谷津　俺も滑舌がよかったら講演活動でもやって食っていくという手もあるんだけど、よくないからさ。ボディランゲージしかないからな（笑）。

——これを機に栃木県議会議員あたりがいいんじゃないですか（笑）。

玉袋　そうですよ。そうしたら怖いものなしですよ。

——ちょうど栃木県はスポーツに力を入れてますから。

谷津　今回の聖火ランナーも結局一般公募で選ばれたんだけど、栃木県の著名人ってことで入ってるんだよな。「えっ、どういうこと⁉」と思って。「著名人で入れるなら最初から言ってくれよ」って。

——一般じゃなくてよかったんじゃないかと（笑）。

谷津　でも栃木で応募してよかったよ。ホントはほかも考えたんだけどね。俺は東京にも縁があるけど、東京は倍率が高いと思ってね。

玉袋　東京は高い！　新国立競技場も近いからね。

谷津　だから東京で選ばれた玉ちゃんはたいしたもんだよね。

玉袋　いや、俺は東京でも奥多摩ですから（笑）。

谷津　だけど凄いよ。俺は千葉県も考えたの。ＳＰＷＦ道場があった一宮町は東京オリンピックのサーフィン会場だからね。だけど森田健作知事がいまちょっと評判悪いからやめとこうかと思ってね。まあ、冗談だけどな（笑）。

玉袋　うまい！（笑）。

谷津　それで俺のアスリートとしての原点はどこかと考えたら、やっぱり足利なんだよ。

玉袋　足利工業大学附属高校レスリング部ですよね。

谷津　で、倍率もいちばん低いだろうと。県別でいくと魅力度ランキングで茨城と俺のふるさとの群馬、栃木はドンケツを争ってるから。目くそ鼻くそみたいなものだからね（笑）。

玉袋　故郷をそこまでひどく言う（笑）。

谷津　北関東はなぜかいつも低いんだよな。だけど東京に行くアクセスもいいし、どこに行くにも便利なんだけどな。

「ダメダメ！　酒はやめて〝打つ〟ほうにいくって聖火ランナーが薬物で引っかかるから！（笑）」（玉袋）

——ホントは住みやすいんですけどね（笑）。

谷津　だけどなぜか低いんだよ。これは一般公募に関しては好都合だなと。故郷の群馬から出ることも考えたけど、俺は高校が足利だし、大学を卒業したあとは、足工大の教員もやってたから。自分の後輩で若くして亡くなった三沢（光晴）のぶんも背負って走ろうかと思ってね。

玉袋　いいね〜！　こりゃ、川田利明も応援にくるべきだな。ゴール地点でラーメンを振る舞ったりしてな。最高だぜ（笑）。

谷津　ちゃっかりデンジャラスラーメン（麺ジャラスＫ）の宣伝したりしてな（笑）。

玉袋　やっぱり足利には谷津さんの青春が詰まってるわけですよね。

谷津　そうだね。だから栃木県でよかったと思いますよ。
玉袋　生みの群馬よりも育ての栃木ってね。
谷津　どっちも目くそ鼻くそみたいなもんだけどな（笑）。
玉袋　また目くそ鼻くそだよ（笑）。でも谷津さんの本を読ませてもらうと、高校時代から本当にもの凄いトレーニングをしてたんですよね。
谷津　まあ、昔はね。あの本、アマゾンのスポーツ本部門の売り上げで7位か8位にランクしてるんだよな。「えーっ⁉」と思ってさ。
玉袋　いやー、いい本でしたよ。
谷津　そのわりに片山（宝島社の担当編集者）が俺にたいしてギャラくれねえんだよ。
玉袋　もう、そこでトラブルの火種ですか（笑）。
谷津　そうしたら片山が「谷津さん、今度は聖火ランナーで最終章を書き足して出しましょうか」とか言ってね。
玉袋　改訂版で印税プラスだよ（笑）。
――宝島社はやっぱり商売人ですね（笑）。
谷津　凄いよね。抜け目ないよ。
――「聖火ランナー決定！」って帯を変えたりして（笑）。
谷津　だからオリンピックの聖火ランナーもそうだけど、さっきも言ったようにプロレスラーとして、もう一度リングに上がりたいなと思っててさ。どこまでできるかわからないけど、DDT参戦中にこうなっちゃったから、またDDTに戻って「八

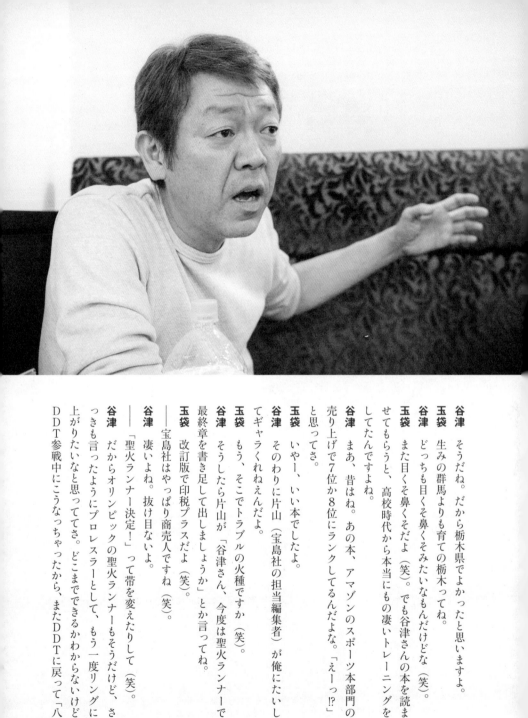

輪」でやろうと思ってね。

――あと『プロレスリング・マスターズ』もありますしね。

谷津　マスターズな。武藤敬司くんのところだろ。

――マスターズは8月にも興行をやるらしいですから、オリンピック直後でちょうどタイムリーかもしれない。

玉袋　武藤さんも聖火ランナーで走るしね。

谷津　そういやそうだよな。武藤は山梨か。話を聞くとマサ斎藤さん、あの人も東京オリンピックで走りたかったみたいだね。

――そうですね。それを目標にパーキンソン病のリハビリをがんばってたんですよ。

谷津　あの人は1964年の東京オリンピックに出てるからね。だからそういう人の思いも俺が背負って走ろうと思ってね。背後霊みたいに乗っけてさ（笑）。

玉袋　いいっスね～（笑）。

谷津　五輪コンビのタッグパートナーだったジャンボ鶴田もね。ジャンボが俺の背中で「オーッ！」ってやって「おい、暴れるなよ！」とか言ってな（笑）。ジャンボは長野オリンピックのときに聖火ランナーで出たんでしょ？

――あっ、そうでしたっけ？

谷津　なんか言ってたよ。柴田（惣一）くんが。

玉袋　そうだったんだ。じゃあ亡くなった三沢さん、マサさん、鶴田さん、みんなの思いを背負って義足の谷津さんが走ると。いい話だな～。

谷津　だけど俺自身、まだ杖をついて歩いてる状態だから。これからの3カ月が勝負だね。

玉袋　やっぱり義足を着けてここまで歩けるようになるのも大変だったんでしょうね。

谷津　身体は平気なんだけど、やっぱり義足の微調整が大変だね。ミリ単位でもズレると痛くなったり足が曲がらなくなったりするから。そのへんはもう義足士さんの言うことを聞くしかない。

玉袋　それは義足の職人も、義手の職人もいるんですか？

谷津　一緒ですね。でもその中でも義足が得意な人、腕が得意な人とかいるわけですよ。あとは入れ歯が得意だとかね。いや、入れ歯は違うか（笑）。

玉袋　入れ歯は歯科技工士でしょう（笑）。

谷津　俺なんか義足で義歯だよ。人工物ばっかりだからさ。まいっちゃうよ、ホントに。

玉袋　歯のほうもレスリングで食いしばってるからボロボロになっちゃうんでしょうね。

谷津　これも職業病のひとつだね。

谷津嘉章（やつ・よしあき）
1956年7月19日生まれ、群馬県邑楽郡出身。プロレスラー。日本大学レスリング部時代に全日本学生選手権4連覇、全日本選手権優勝。1976年、日本代表としてモントリオールオリンピックに出場。1980年のモスクワオリンピックでも代表に選ばれたが日本不参加で出場ならず。1980年に輝かしい実績をひっさげて新日本プロレスに入団する。長州力らと維新軍として活動したのち新日本を退団してジャパンプロレスに参加、全日本プロレスを主戦場とする。ジャンボ鶴田との五輪コンビなどで活躍。1990年にSWSに移籍。その後はSPWF、PRIDE、WJプロレスなどで闘う。2019年6月25日、糖尿病の悪化で右足を膝下から切断する手術をおこなった。

玉袋　入れ歯もフレッド・ブラッシーみたいに噛みつきができるようにすればいいんじゃないですか？　ヤスリで削っちゃうとか（笑）。

谷津　入れ歯だったら牙でもなんでも作れるもんな。

玉袋　ドラキュラみたいにしてね（笑）。

谷津　色を変えてみたりとかな。入れ歯をレインボーにしてみるか（笑）。

玉袋　いや〜、でも転んでもただでは起きない谷津さんのメンタルが凄いよ。だって足を切ったあとでも気持ちが沈んだのは1日だって言うんだもん。

谷津　やけ酒を飲んだってしょうがないしな。

玉袋　お酒はやってるんですか？

谷津　たまに飲んでますよ。ただ飲むと足がむくんじゃうから、義足が入らなくなっちゃうんだよ。翌日になってむくんでくるからさ。だからもう酒はやめて、〝打つ〟ほうにいくしかないのかと思ってさ。違うか（笑）。

玉袋　ダメダメ！　聖火ランナーが薬物で引っかかるから！（笑）。

谷津　それはまずいよな（笑）。

玉袋　俺も飲み過ぎで引っかからないようにしないとな（笑）。いやー、こりゃ3月が待ち遠しいね。

玉袋筋太郎（たまぶくろ・すじたろう）
1967年6月22日生まれ、東京都新宿区出身。芸人。全日本スナック連盟会長。
高校卒業後、ビートたけしに弟子入り。師匠から芸名「玉袋筋太郎」を命名してもらう。1987年、水道橋博士と浅草キッドを結成。TBSラジオ『たまむすび』（金曜）やTOKYO MX『バラいろダンディ』（火曜）にレギュラー出演中。著書に『新宿スペースインベーダー-昭和少年凸凹伝-』『浅草キッド玉ちゃんのスナック案内』『スナックあるある この素晴らしき魑魅魍魎の世界』『スナックの歩き方』など。一般社団法人全日本スナック連盟会長を務め、自身がオーナーを務める『スナック玉ちゃん』の経営もおこなう。本誌の大人気コーナー『玉袋筋太郎の変態座談会』の連載ホストでもある。

「今度パラリンピック用の施設がまた新たに作られるでしょ？　あれだって馳浩の効果があるんだよ」（谷津）

——でも実際に谷津さんが義足で聖火ランナーする姿を見たら、感動するでしょうね。

玉袋　するよ！　やっぱりランナーが繋いだ聖火っていうのはオリンピック本大会に通じるものだからさ。この俺でも責任感を感じてるわけだよ。世界的なスポーツマンが一堂に会して、人生をかけて競い合うわけだからさ。だから俺はべつに選手じゃなくて、タレントとして選ばれた聖火ランナーだけど、当日までに何百キロか走ろうと思ってるよ。

——200メートルを走るために、何百キロも走ってオリンピックに臨むと。

玉袋　そうそう。そうしねえと大変な思いをしてオリンピックに出る選手たちとか、聖火リレーがやりたかったけど選ばれなかった人たちに悪いじゃん。ただ「呼ばれました、走りました」で、ちゃんちゃんというのも悔しいからさ。じつは右ヒザの靭帯が切れてるんだけど、そのリハビリも兼ねながら計200キロを走ろうと思ってんだよ。

谷津　玉ちゃんも靭帯やってるのか。まあ、俺と一緒で足なん

かひとつ取っておけば、あとはなんとかしてくれるよ（笑）。
玉袋 たくましいな〜。谷津さんのエピソードって下手したら黄色いシャツ着たのがついてくるぞ。
――24時間テレビで密着あるかもしれないですね。
玉袋 24時間走らされたりしてな（笑）。
谷津 でもね、こういう身体になってから、この本（『さらば闘いの日々』）も含めて取材がたくさんきたんだけどさ、自分の身辺とか生い立ちについてちょっと言い過ぎたかなと思ってね。もうちょっとケーフェイにしなくちゃいけないのに。
玉袋 プロレスのケーフェイじゃなくて、自分のケーフェイですか（笑）。
谷津 ちょっとさらけ出し過ぎちゃったよな。
玉袋 谷津さんは若い時分からけっこうそうですけどね（笑）。
谷津 いまさらで遅いんだけどね。この本が決定打だよ、借金の話まで言っちゃったからね。
――本の帯に「右足切断！　借金3億5000万円！」って、でっかく書いてありますからね（笑）。
谷津 あんなの書くことねえのに、あの片山の野郎、あそこまで書きやがって（笑）。
玉袋 ラーメンのトッピングで言えば、〝全部のせ〟だよ。エピソードの全部のせ（笑）。でもインパクトがある表紙だったし、中身もホントによかったですよ！
谷津 俺の身内で5冊くらい買ってみんなに配ろうとしたみたいなんだけど、「借金のことを書いてたからあげるのをやめた」って言ってたからな（笑）。こんなことを書いてたら田舎の人たちはみんなビックリするからね。
玉袋 ボクが読んでもびっくりしましたよ（笑）。
谷津 これはプロレスの伝記とはちょっと違うんだよな。暴露なのかなんなのかわかんねえんだけど。
玉袋 暴露ではないでしょう。モスクワ五輪のボイコットからプロレス入り、そして今回の手術から聖火ランナーまで全部つながってるし、すげえドラマなんだよな。なんだろうね、この人生のダイナミックさっていうのは。谷津さんの時代はオリンピックに出てもお金的には大変だったんですよね？
谷津 大変ですよ。お金なんか入ってこないですよ。いまは入ってくるでしょ。スポンサーはたくさんついてるし、ｔｏｔｏがあったり、いろんな収入がある。東京オリンピック前だから予算も相当組んでもらえてるだろうしね。俺らがやっていた頃なんか、遠征ひとつでも半分自腹だったからね。
――自腹でトレーニングをして、自腹で遠征しなくちゃいけないと。
谷津 いまなんか味の素ナショナルトレーニングセンターとか凄いもんな。
玉袋 メダリスト製造工場ですよね。
谷津 今度、パラリンピック用の施設がまた新たに作られるでしょ？　あれだって馳（浩）の効果があるんだよ。馳ー福田（富昭＝レスリング協会会長）ラインで。

玉袋　馳浩は食い込んでるな～！

――日本は近年までそういう施設はなかったですけど、ソ連には谷津さんの時代からあったんですよね？

谷津　そう。ミンスクにあったからね。

――ボクも2000年代半ばにヒョードルの取材でロシアに行ったとき、「サンボ70」っていうスポーツエリートだけを集めた学校を見学させてもらいましたよ。そこから柔道やフィギュアスケートをはじめとしたメダリストが何人も出ているという。

玉袋　日本の場合、新宿のスポーツ会館だったからな（笑）。

谷津　ヒョードルもいまだに強いからね。

――谷津さんはロシア人の強さをアマレス時代から肌で知っていたわけですよね。

谷津　当時は……いまもそうかもしれないけど、日本人にはロシアコンプレックスがあるよね。体力的な差があるから。なんの競技においてもみんな「ロシアは強えな」とかね。そういうメンタルの部分がなくなれば、日本人でもけっこういい勝負ができるんだけどど。

「聖火ランナーで走ってるとき、ルチャリブレみたいにおひねりを投げてもらうのもいいかもしれない」（玉袋）

玉袋　試合前に飲まれちゃってるわけですね。

谷津　飲まれちゃってる。で、それは相手をよく知らないからでもあるんですよ。だから俺の場合、ソ連に修行に行ったんだから。そんとき（サルマン・）ハシミコフなんかともやってるからね。

玉袋　サルマン・ハシミコフとやってるんだ！

谷津　アイツはオリンピックには出なかったけど、世界選手権で2回ぐらい優勝してるんですよ。強かったからね。

玉袋　レッドブル軍団が新日にくる10年も前に、谷津さんはすでにやってるんだもんな（笑）。

――しかもいちばんバリバリのときに（笑）。だから谷津さんはいまみたいに資金的な補助がちゃんとしていたら、新日に入らずに84年のロサンゼルスオリンピックでもメダルを狙えたと思うんですよね。

谷津　まあ、ロサンゼルスは半分オリンピックとは呼べないからな（笑）。

――オリンピックと呼べない（笑）。

谷津　だって80年のモスクワは西側がボイコットして、84年のロサンゼルスになったら今度はソ連をはじめとした東側がほとんど出てないんだから。要するに東も西も一緒に出るようになったのは88年のソウルオリンピックからだから。だからモスクワとかロサンゼルスのメダリストって言っても、金メダルを獲るヤツはすごいけど、ハッキリ言って2位なんか誰でもなれるから。

玉袋　銀メダルを「誰でも獲れる」って言える谷津さんが凄いよ（笑）。

谷津　組み合わせさえよければ獲れちゃうからね。「えっ、アイツが2位になっちゃったの!?」って思ったのが何人かいるから（笑）。だからモスクワやロサンゼルスの銀や銅のメダルは、あまりメダルと呼びたくない。88年のソウルで獲った人が本物のメダリストですよ。こんなことを言ったら怒られちゃうけど、柔道の山下だって、ロサンゼルス五輪の決勝でエジプトのヤツ（モハメド・ラシュワン）になんとか勝てたけど、東側が出てたらケガしたままメダルは難しかったよ。

——そうかもしれませんね。

谷津　だからアイツはがんばって次の88年まで出ればよかったんだよ。柔道の重量級ならいけたでしょ。

玉袋　ただ、ここで山下批判と捉えられかねない発言をすると、聖火ランナー取り消しになる恐れがありますよ（笑）。

谷津　まっ、これは個人的な感想です（笑）。

——では谷津さんが暴走しないうちに、そろそろ締めに入らせていただけたらと思います（笑）。

玉袋　まあ、言ってみりゃ谷津さんがつないだ聖火をいろいろまわって俺がもらうわけだからね。しっかりつないでいきたいよね。

谷津　あのトーチ、買います?

玉袋　ボクは買おうと思ってます。

谷津　俺も買おうと思ってる。これがね、なんで買わなくちゃいけないかって言うと、モントリオール五輪のジャージ上下、これを自分のところの亡くなった親父の地域に寄付しちゃったんですよ。それがいまだにそこに飾ってあるんですよ。だからビフォーアフターじゃないけどもさ（笑）。

玉袋　モントリオール五輪のジャージの横に、東京五輪のトーチを飾ろうと。

谷津　そう、そこに寄付しようと思ってるんだよ。

——それはいいですねえ!

谷津　自分のアスリートとしての証としてさ、聖火ランナーをやったトーチも残しておこうと。そのためには7万円もしょうがねえなって（笑）。

玉袋　谷津さんのオリンピックをめぐる話は『いだてん』を超えてるよ（笑）。

谷津　だけど7万円は高いからね。ここはみなさんに助けてもらって、ツーショット撮影を1回1000円で受けつけようかなって（笑）。

——直接的なクラウドファンディング（笑）。

玉袋　祝儀袋持参でこいってな（笑）。

谷津　俺は障害者であまりカネがないからさ（笑）。

玉袋　もう聖火ランナーで走ってるとき、ルチャリブレみたいにおひねりを投げてもらうのもいいかもしれない（笑）。

谷津　だからそれを企画しようと思ってさ。イーグルプロレス

の連中にも「おまえらはエキストラで並んで、俺とツーショット写真を撮れ！」って言ってるの（笑）。

――サクラまで用意しますか！（笑）。

玉袋　でも70人と写真撮影すれば元が取れるわけだからな。

谷津　だからガンツ、これは書いておいてよ。「記念撮影、1回1000円で承ります」ってな。最低ラインで35人はほしいな。残りの3万5000円は自腹で出すしかないと思ってるから（笑）。

――クラウドファンディングの目標最低金額が3万5000円（笑）。

谷津　それぐらいはほしいよな。まさかトーチを地域に売るわけにもいかないしな（笑）。

玉袋　もしメルカリに出品されてたら谷津さんを疑いますよ（笑）。では谷津さん、聖火ランナーがんばりましょう！

谷津　おーっ！　がんばろう！（ガッチリと握手）。

玉袋　オリャ！　オリャ！　オリャ〜！

自己投影観戦記

～できれば強くなりたかった～

第95回　全日本プロレスオールスター展

椎名基樹

　東横線の渋谷駅改札を抜けて、長い地下道を怒濤のような人の流れに乗って、早足で進んで行き、Ａ２出口の階段を登り切って左側を見ると、まっすぐな道の１００メートル先の突き当たりに、東急デパート本店が見えた。

　再開発が急速に進み、今ちょうど新しいビルのお披露目ラッシュとなっている渋谷の中で、東急本店はさすがに歴史を感じさせる、というかはっきりいって古ぼけている。そのビルを目指してさらに早足を加速していくと、正面の壁に貼られた、一辺が15メートルはありそうな巨大なポスターがしだいに確認できた。『全日本プロレスオールスター展』の文字。その下にレスラーたちの写真がピラミッド型にコラージュされている。

　真ん中のもっとも大きな写真が、赤いガウンに身を包んだジャイアント馬場。その右がハンセン。左がなんとデストロイヤー。オールドファッションなビルを一際オールドファッションに装飾している。さらに底辺真ん中には腰に両手を乗せた力道山ポーズの渕正信。その横がファンクス。ファンクスはかなり歳がいっていて、テンガロンハットのドリーが横にいるので、なんとかテリーだとわかったが、眼光だけは異様に鋭いが頬が痩せこけていて、髭を生やしたその顔が、私は最初ザ・シークに見えた。

　特設会場がある3階でエレベーターを降りると、そこが婦人服売り場でまずビビる。参観日のときにおめかししたお母さんが着ていたような、これまたオールドファッションな婦人服店で埋め尽くされている。フロアはガラガラだ。男子にとっては場違いで居心地の悪い空気だ。女の園のその奥に、男性ホルモンの遺産を展示した会場があった。

　逃げ込むように入口をくぐると、出迎えるように馬場のリングシューズが展示されている。これは興味深かった。足の大きさが「売り」だった馬場のリングシューズだ。初めて実際の大きさを目の当たりにする。16文（38・4㎝）より実際は大きかったと聞くが、たしかにこれはでかい。大き過ぎて何だか「靴」という感じがしない。首を刎ねられた2尾のアナコンダの頭のようだ。16文リングシューズの目撃に続いて、馬場が描いた油絵を初めて見ることができたのも嬉しかった。実物は1点のみ展示されていて、あとは3作品が絵はがきで販売されていた。そのすべてが波打つ海を描いた絵であった。噂に聞く馬場の油絵の作風を初めて知る。写実的というより、美しい色使いで「光」を捉えた、印象派のような絵であった。馬場の内面世界を見たような気がする。

驚いたのは田上明が使用したという革製のロングガウンだ。前記した唯一展示されていた馬場直筆の絵画の、夕日が沈む海の景色をモチーフにしたデザインが、黒革の背中に塗料で直描きされている。どんな経緯でこれが制作されたのだろう。背中のこの絵は誰が描いたのだろう。まさか馬場ではあるまい。それではあまりに田上贔屓が過ぎる。

展示場中央に広いスペースを取って、キャピタル社による歴代の全日本プロレスジャージ20点あまりが、上半身だけのマネキンに着せられて展示されており壮観だ。派手な色使いでクラッシックなデザインの、厚手の生地のジャージは、初期ヒップホップでカッコいい。とくに左胸に全日本プロレスのワッペンが貼られ、胸から腹にかけて「DICK MURDOCH」と書かれた、ジップが胸までのジャージは本気で欲しくなる。

スラックスにポロシャツを「in」した姿の鶴田の等身大パネルは、ただのでっかい兄ちゃんだ。プロレスラーらしくないのがじつに鶴田らしく、過剰な品物ばかりの中では逆に異彩を放っている。過剰の極みとも言える入場ガウンが多数陳列されているのに並んで、鶴田の物は愛用のチェックのジャケット。「こんなにでかい、こんな普通のデザインの服って凄くない?」とでも言っているようだった。

来場客の中にグレート・アントニオのような巨体の外国人プロレスオタクの2人組がいた。大量にグッズを買っている。何だか誇らしい。共通言語としてのプロレスというものが、非常に希有であると改めて感心する。ユリオカ超特Qさんの姿もあった。鶴田のパネルを見つめる姿には何だかぐっときた(笑)。

全日本プロレスの企画展だけあって、気が利いたグッズが販売されていて我慢するのが大変だった。目を引いたのは、宮下あきらの作画によるジャイアント馬場と江田島平八男塾塾長が並んだ「男」Tシャツだ。これには意表を突かれた。しかし、これ以上アホなコレクションを増やしたくないので、なんとか購買を踏みとどまった。

物販でいちばん驚いたのは「鶴見五郎、日記、手帳、収支帳70冊セット」、27万円也である。「対戦記録やファイトマネー、独立決起集会のドキュメントからプライベートまで。全25年に渡る記録が詰まったセット」だそうである。これはもちろん、コピーではなく現物である。どういう経緯でこれが売られることになったのだろう。

しかし、これは売る前に誰かがタイピングして、電子書籍にしてほしいと思う。データ化してサイバー空間の大海原に放流してしまえば、永遠にその記録は彷徨いつつも残り続けるだろう。記録魔だと自認する、鶴見五郎が所有する大量の写真資料と共に、ぜひそうしてほしいと思った。

椎名基樹(しいな・もとき) 1968年4月11日生まれ/放送作家/コラムニスト

ライガーの〝永遠の好敵手〟として有終の美を飾る。ルチャ、王道、UWF、総合をも経験した真の強者!!

佐野巧真

［『焼肉巧真』店主］

「引退を決意したのはドーム2連戦のあと。踏ん切りをつけさせてくれたライガー選手と新日本には感謝です。プロレスでやりたいことはもうやりきった。これからは『焼肉巧真』のオヤジとしてがんばってまいります」

収録日：2020年1月8日
試合写真：平工幸雄
撮影＆聞き手：堀江ガンツ

焼肉巧真
TAKUMA
京都市西京区
〇七五(三八二)五五二九
LIGER
WRESTLE

「やっぱりこの歳で焼肉屋の店主とプロレスラーという二足のわらじをやるのはキツかった」

――きのう（1月7日）、何気なしにフェイスブックを見ていたら、佐野さんが「今回限りで現役を卒業し、『焼肉巧真』のオヤジとしてがんばってまいります」と引退表明をしていたことに驚いて、京都まできてしまいました！

佐野　わざわざ遠いところすみません（笑）。

――今回の獣神サンダー・ライガー選手の引退試合を機にご自身も身を引くというのは、前から考えられていたことだったんですか？

佐野　いや、前からっていうことはないんだけど、ここ数年は毎回試合に出るたびに「これが最後だな」と思ってやってきたんでね。

――今回にかぎらず「次がラストマッチだ」という意識はこのところずっとあったと。

佐野　そうだね。だからライガーの引退が決まって、そこに自分も出るとなったときからいろいろと考えて。やっぱり焼肉屋の店主とプロレスラーという二足のわらじもこの歳でやるのはキツかったんでね。実際、ライガーの引退試合に合わせてコンディションを調整するのも大変だったんですよ。（試合は）ちょうど正月明けだし（笑）。

――年末なんて、焼肉屋さんが1年でいちばん忙しいときですもんね（笑）。

佐野　だから「本当にできるのかな？」と思いながらも、なんとか時間を作ってトレーニングをやってきてね。ここ最近の中ではいいほうかなっていうコンディションにはなったんだけど。実際、試合をやってみると自分が思っているような試合とはやっぱり少し違ったしね。

――そうですか⁉　かなりいい動きだったと思いますけどね。

佐野　いや、初日（1月4日）は昔やっていた仲間と試合をやる機会があって、みんなが元気にやってる姿を見て「みんながんばってるな」と思いながら闘っていたんだけど。2日目は若い選手（高橋ヒロム&リュウ・リー）とやらせてもらって、気持ちの中では「昔のようにやろう」と思ってはいたけど、やっぱり自分の全盛期の動きをやろうとしてもなかなかできなかったね。この年齢だったら違うやり方で試合をするのもいいという考えもあるけど、どっかで踏ん切りをつけなきゃいけないなっていう思いもあったし。せっかくお店をやらせていただいてるんでね。東京ドームの最後の試合に呼んでくれたっていうのもライガーからのいいプレゼントだと思ったし、「ここで決断したほうがいいな」と思ってね。

――じゃあ引退を正式に決めたのは、東京ドーム2連戦をやったあとだったんですか？

佐野　正式に決めたのはそうだね。さっきも言ったとおり、ここ最近は試合前にいつも「これが最後だ」と思ってリングに上

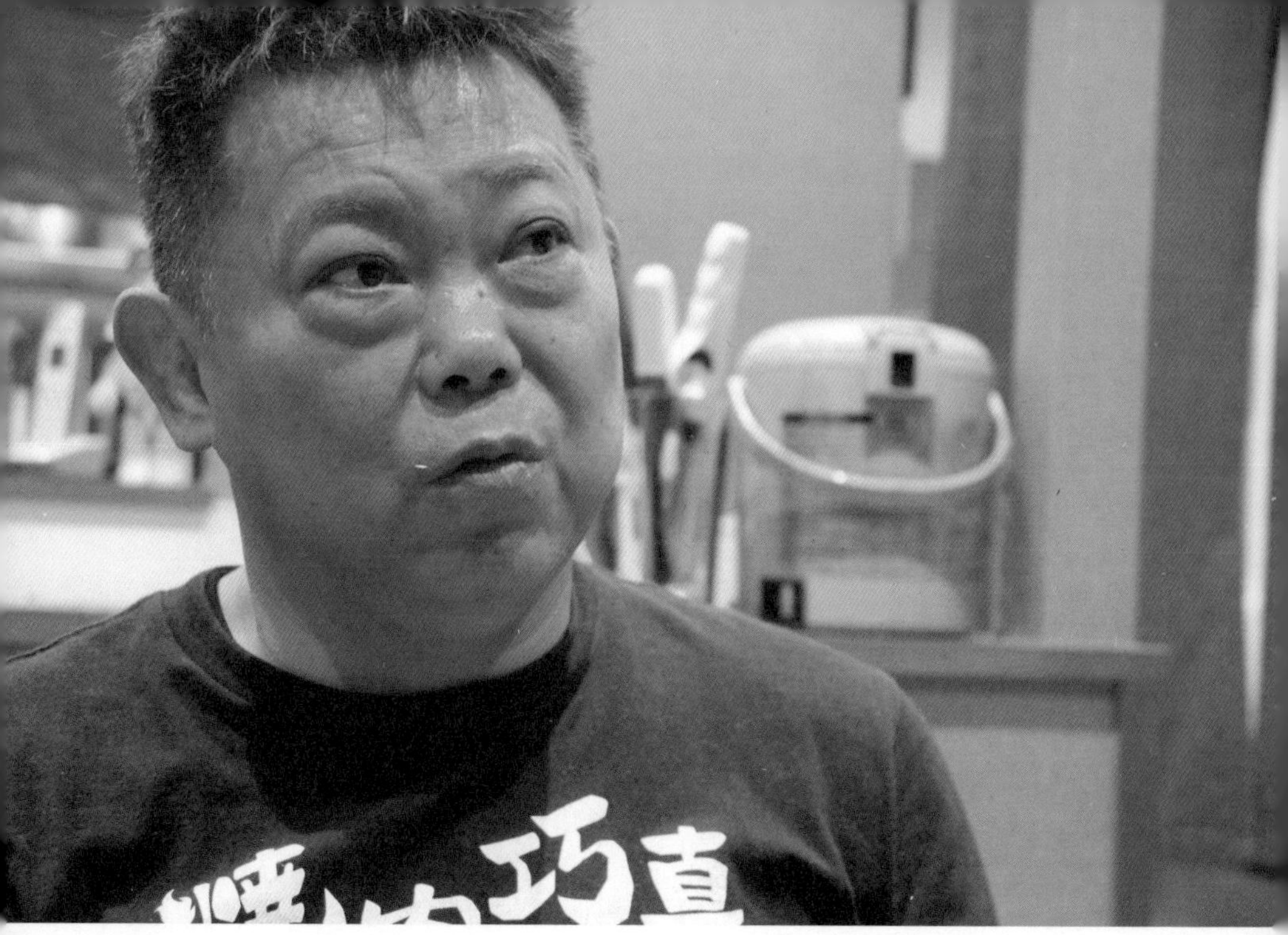

がっていて、ドームの試合も同じ気持ちだったんだけど、試合が終わってちょっとしてから「ここで決めちゃおう」と思ってね。

――では、あのドーム2連戦でおこなわれたライガー選手の引退試合が、佐野さんのラストマッチでもあったということは近親者でも知らなかったんですか？

佐野　ウチの家族には「もうこれで最後にする」って言ってて、家内を東京ドームにも呼んだので「これが最後かもなあ」と思いながら観ていたと思うんだけど、このところ毎回試合に出るたびに「これが最後」って言っていたからね（笑）。

――奥さんも「本当にこれが最後なのかな？」と半信半疑で（笑）。

佐野　試合が終わった直後も、べつにあらためて「終わったよ」とも言わなかったから、きのうボクが言うまでは「どうなんだろう？」と思ってたんじゃないかな。

――試合後のコメントでも引退を匂わすようなことは一切言ってませんでしたよね。

佐野　そうですね。まあ彼の引退試合だから、そこで自分のことを言うのは違うと思ったし、ボク自身そういうことはしたくなかったしね。

――ドーム2連戦が終わったあと、ライガーさんに「俺も引退するよ」っていう話はしたんですか？

佐野　それは言ってないです。

――あっ、そうなんですか⁉

佐野　東京ドームの次の日に取材で新日本の事務所に寄らせてもらって、そこでライガーとも1時間半くらいしゃべってたんですけど、そのときも全然、最後までそういう話はしなかったね。

——じゃあ、ライガーさんも「えっ⁉」って驚いているでしょうね。

佐野　そうかもしれないね（笑）。

——でも、考えてみれば自分がデビューした新日本プロレスのリング、しかも東京ドームという大舞台で、初日はライバルであるライガーさんや大先輩の藤波さんと対戦し、2日目は現在のジュニアのトップ選手と対戦するという、形としては最高の締めくくりではありますよね。

佐野　うん、そうだね。「これ以上のことはないな」っていうのはありましたね。

——では、佐野さんご自身の中でも今回の試合に臨む気持ちっていうのは、いつもと違ったものがありましたか？

佐野　自分の最後の試合というより、ライガー選手の最後の試合に呼んでもらったということでね。動きはともかく、体調だけは絶対にいいものに持っていかなきゃなっていうのはずっと思っていたんで。

——「自分のラストマッチだから」というわけではなく「ライガーの引退試合に呼んでもらったんだから」という気持ちですか。

佐野　そっちの気持ちだけだね。ライガー選手が呼んでくれなかったら、ボクがドームであぁいう試合をやることもなかったわけだから。

「ライガー選手に最後に呼んでいただいただけでうれしかったし、その彼の気持ちに応えなきゃいけないという思いがあった」

——ドームの試合では、入場してきた時点で佐野さんの身体がいつもと違うっていうのはわかりましたよ。ドームのスタンド記者席から見ても「かなり絞れてるな」っていう。

佐野　ボクが彼に対してできるのはそれぐらいだからね。

——試合が決まってから当日まで、2カ月くらいですか？

佐野　いや、試合自体はもうちょっと早めには聞かされていたんだけど、本格的にトレーニングをやり出したのが2カ月前くらいですね。

——先程も言われてましたけど、飲食業、焼肉店となれば年末になればなるほど大変な忙しさだったと思いますけど。その中でどうやってコンディションを作っていったんですか？

佐野　とりあえず時間があるとき身体を動かす。「どんなに忙しくても、毎日なにかしら身体を動かそう」と思ってやっていましたね。

——飲食業も重労働だと思いますけど、それをやりながら身体作り、コンディション作りもしたわけですね。それぐらい気持ちも張っていたと。

佐野　そうだね。やっぱりライガー選手に最後に呼んでいただいたっていうだけでうれしかったしね。その彼の気持ちに応えなきゃいけないっていう思いがあったから、それだけ集中させてもらえたのかなっていうのはあるね。

——引退試合に指名されたからには、自分ができるかぎりのことはやろうと。

佐野　そうですね。11月上旬に彼が直接この店に来てくれて「ドームは頼みますよ～」って言われたからね。だから変なコンディションではいけねえなって。

——今回、リングネームを本名の「佐野直喜」に戻したのは、ライガーさんからのリクエストだったんですよね？

佐野　そうですね。若い頃、一緒に試合をしていた頃の名前ということで。

——試合のコスチュームも新日ジュニア時代の赤のハーフパンツでしたよね。

佐野　名前を戻すなら、コスチュームもまたあの頃のものでやろうと思って。

——あれは実際に昔穿いていたものだったんですか？

佐野　いや、同じデザインのものを新しく作ったんだけど、これを穿くからには身体をしっかり絞らないと似合わないだろうなって思って。

5
3

――佐野さんがあの赤いハーフパンツで出てきたとき、当時を知るファンから「おーっ!」っていう歓声が上がりましたよね。しかも初日の8人タッグでは、いきなりトペスイシーダが飛び出して。若い現役バリバリの選手でもあれだけ綺麗なトペはなかなかできないと思いましたよ。

佐野　正直、自分自身もあれをやるのは怖かったけどね(笑)。せっかくこういう大きな試合に呼ばれたからには、それぐらいはしたいなと思ってやりましたね。

――新日本vsUインター全面対抗戦(1995年10月9日・東京ドーム)のときのライガー戦でも、トペがあの試合のハイライトみたいな感じでしたから、あの一発でファンの記憶を凄く刺激したと思いますよ。

佐野　よろこんでもらえればいいなと思ったよね。

――ひさしぶりの新日本プロレス、ひさしぶりの東京ドームでの試合はやってみていかがでしたか?

佐野　新日本の東京ドームに上がるのは、ライガー選手の20周年記念試合(2009年1月4日・東京ドーム、ライガー&佐野vs金本浩二&井上亘)以来かな?

――じゃあ、ちょうど11年ぶりっていうことですね。

佐野　うん。ひさしぶりっちゃあ、ひさしぶりだったね。

――感覚的にはどうでしたか?

佐野　最初はどうなるかなと思ったけど、まあ自然にいられたかなとは思いますね。バックステージの雰囲気もよかったんで、緊張感はありましたけどリラックスできましたね。

――試合をやってみていかがでしたか?

佐野　やっぱり、あの中でやるっていうのは気持ちがいいですよね。でも「東京ドームだから」っていうような変な意識もなく、意外と普通の感じでいけたのかなって。

――ちゃんと試合だけに集中できたと。

佐野　そうだと思いますね。ちょっと楽しむ余裕が足りなかったかもわからないけど(笑)。

――試合中、感慨深く思ったりすることもなく。

佐野　そうですね。試合が始まったらね。まあでも、同じリングでライガー選手の動きを見ると、しんみりした気持ちにはならないけど、なんとなく昔の感覚を思い出すっていうのはありましたね。

「どんなスタイル、どんな相手でも、やってみないとわからない。個人的な趣味でいろんなところを探検してまわった」

――気持ちが当時に戻るというか。

佐野　そうだね。いい意味でいいスイッチが入るなと思いましたね。

――しかも、みんな当時のテーマ曲で入場でしたもんね。8人タッグの選手ひとりひとりと、さらにセコンドのエル・サムライ選手や小林邦昭さんも含めて。
佐野　小林さんはボクが新日本にいた頃に近くにいた先輩なんで、そこにいるだけで安心感があったね。
――リングアナウンサーも田中ケロさんでしたし。
佐野　初日はそうだったね。やっぱりそういうのもあるから昔に一瞬戻れるっていうかね。若い頃にコールしてもらってたんで思い出しますよね。やっぱり気持ちがいいし、しっくりくる。「ああ、いいもんだなあ」って思いますよね。
――そして2日目、1月5日はいまのジュニアのトップ2人が相手でしたけど、触れてみてどうでしたか？
佐野　「やっぱりいいもの持ってるな」っていうのはあるし、ボクらと同じ世代だったらおもしろい試合ができただろうなって思いましたね。ライガー選手もこういうしっかりとした若い選手が育ったからこそ、安心して引退できるっていうのもあるだろうしね。
――佐野さん的にも、古巣がこれだけ盛り上がっている中でラストマッチを迎えられたうれしさみたいなものもあるんじゃないですか？
佐野　そうだね。東京ドームで2日連続でやって、その次の日に大田区（総合体育館）まで満員にするんだから凄いよね。そういう中で自分もやれたっていうのはありがたいし、いまの環境では自分はこれが精一杯かなっていうのがありますね。
――ただ、ちゃんと最後にテンカウントゴングを聞いてからリングを降りたいという気持ちはなかったんですか？
佐野　それは全然。ボクはもうフェードアウトでもよかったなっていう感覚でいたんでね。まあ、テンカウントゴングはなかったけど、自分の中でしっかりとしたケジメとなるような試合ができてよかったと思いますね。
――テンカウントゴングは、自分の心の中で鳴らせたというか。
佐野　そうですね。最後の最後にいいプレゼントをもらったなっていうのがあったんでね。ライガー選手や新日本プロレスには感謝しかないですね。
――ライガーさんというライバルがいたからこそ、最高の形で現役生活を締めくくることができたと。
佐野　ライガー選手が引退するって聞いたときも、ボクがその対戦相手やパートナーとして試合をするとは思っていなかったからね。
――引退試合のゲストとして花束を渡したりすることはあったとしても、試合をするとは思っていなかったんですね。
佐野　ボクはもう試合もあまりやっていなかったし、彼とは立場が違うから。でもライガー選手が懲りずにボクの名前を出してくれるから（笑）、これはホントにありがたいなと思いましたね。
――ライガーさんは何か節目節目になると、ことあるごとに佐野さんの名前を挙げてましたからね。
佐野　本人があんな大物になっているのにね。でも若手時代の

焼肉巧真
TAKUMA
京都市西京区
〇七五(三八二)五五二九

気持ちを忘れていないというか、そこは本当にブレないなと思いますね。

――ライガーさんって昔と全然変わってませんもんね。気持ちもファイトスタイルも。

佐野　なかなかそういう選手はいませんよね。だからボクもライガーというライバルに巡り会えて、本当によかったなと思いますね。

――プロレスラーとして、そういう存在に巡り会えるかどうかっていうのは大きいですよね。

佐野　お互いがこの年齢までやってるとも限らないしね。彼も元気に見えるけど、ギリギリの中でやってきたんだと思うし。

――新日本プロレスというメジャー団体で、30年以上ずっと闘い続けているわけですもんね。

佐野　しかも全身スーツでね。裸じゃないから大変なこともいっぱいあるでしょうし、新日本一筋であそこまでやってこれたのは彼だけだろうし、やっぱり凄いレスラーだと思いますよ。

――一方で佐野さんは、新日本で始まり、ＳＷＳ、Ｕインター、高田道場、ノアといろんな大きな舞台を渡り歩いてきましたよね。

佐野　やっぱりプロレス界にはいろんなスタイル、いろんな選手がいるわけだから、その中でだいたいの選手に触れられたっていうのはよかったなと思いますね。

――80年代の新日本ストロングスタイルから、メキシコのルチャリブレ、ＳＷＳでは全日系の選手やＷＷＥの選手ともやって、その後はＵＷＦスタイル、ＰＲＩＤＥでの総合格闘技までやっていますもんね。

佐野　どんなスタイル、どんな相手でも、やってみないとわからないものもあるしね。自分がプロレスラーになるときも「プロレスラーはなんでもできて強い」っていうのを目標にやってきたんでね。個人的な趣味みたいにいろんなところを探検してまわった感じだけど、さまざまなタイプの強い人と闘えたことは、プロレスラーとして幸せだったなと思いますね。

――なかなかそういう選手もいませんよね。新日本スタイルもやって、ノアで旧全日本スタイルの中でもやって、ルチャから総合格闘技までやっているという。

佐野　そういう意味では恵まれていたかなと思いますね。

――各時代の印象深い相手というと、新日本ではライガーさんだと思いますけど、ＳＷＳ以降では誰になりますか？

佐野巧真（さの・たくま）
1965年2月2日生まれ、北海道苫小牧市出身。元プロレスラー。本名・佐野直喜（なおき）。
高校卒業と同時に新日本プロレスに入門。1984年3月3日、後楽園ホールでの仲野信市戦でデビュー。同年4月にメキシコ遠征を経験し、1989年8月10日、獣神サンダー・ライガーを破ってIWGPジュニアヘビー級王座を獲得。ライガーのライバルとして新日本ジュニア戦線を牽引する。1990年にSWS、1993年7月にUWFインターナショナルに移籍。その後キングダムに旗揚げ参加、高田道場入団などUスタイルや総合格闘技にも挑戦した。2001年、プロレスリング・ノアに参戦してのちに入団。2018年、京都市内に焼肉店『焼肉巧真』をオープン。2020年1月4日、5日の新日本・東京ドーム大会にてライガーの引退試合に「佐野直喜」として両日ともに参戦。2日後の1月7日、フェイスブック上で現役引退を発表。現在は『焼肉巧真』の経営に専念中。

佐野　やっぱり最初に全日本プロレスの選手に触れたときが印象深いね。天龍（源一郎）さんともやらせてもらって、新日本との違いも感じたし、「強いな、凄いな」とも思ったしね。あとSWSでは、藤原組との交流戦もやらせていただきましたし。

――佐野さんが新日本からSWSに移籍した理由っていうのは、「UWFスタイルの試合がやってみたい」という思いが大きかったんですよね？

佐野　そうだね。最初にメガネスーパーから話がきたとき、「UWFと一緒にやる」って聞いていたんでね。当時、新日本での扱いもそんなによくなかったし、「それならやってみたい」と思ったんですよ。新日本とUWFの業務提携時代（1986年1月～1988年3月）もボクはUWF勢とは試合を組んでもらってないんで。（素顔時代の）ライガーは何度かやってると思うけど、ボクは1回も組んでもらってないから「ボクだったらUWFとやっても違った対応ができるなあ」なんて思いながら、そういう心残りをずっと持っていたので。

「自分がやりたいことはやれたので悔いはない。プロレスはもうやりきったし、いまもお店でやりたいことをやらせてもらえてるから」

――ただ、いざSWSに行ってみたら全然話が違ったという（笑）。

佐野　あのときは「普通のプロレスをやるなら、新日本を出た意味がなかったな」と思ったんだけど、2年目からは船木（誠勝）とやらせてもらったり、藤原組の興行にも出させてもらったりしたんでね。結果的にSWSとUWFのスタイルを両方できたんでよかったと思ってるんですよ。全日本の人たちとは、やる前はちょっと偏見もあったけど、いざやってみたらしっかりとしたものを持っていたし。あの経験があったから、のちにノアにも行けたんだろうしね。

――では、SWSは負の部分が語られることが多いですけど、佐野さん個人としては充実していた期間でしたか？

佐野　そうですね。2年ちょっとで終わってしまって早かったけど、ボクとしては充実していましたね。ボクがやりたいことをやらせてもらえたんでね。

――そのあとのUインターはどうでしたか？

佐野　ボクは新日本の合宿所時代、髙田（延彦）さんに憧れていたんでね。SWSにも「髙田さんたちと対戦できる」と思って新日本を辞めてきたのにできなかったから、Uインターはその髙田さんと闘えたっていうのがいちばん大きいね。髙田さんもバリバリでしたからね。

――佐野さんと初めて一騎打ちをやったのは北尾光司さんをKOしたすぐあとだったから、まさに全盛期でしたもんね。

佐野　そうですね。やっぱり強かったね。

――だから佐野さんはいろんなトップ選手のいちばんいい時期

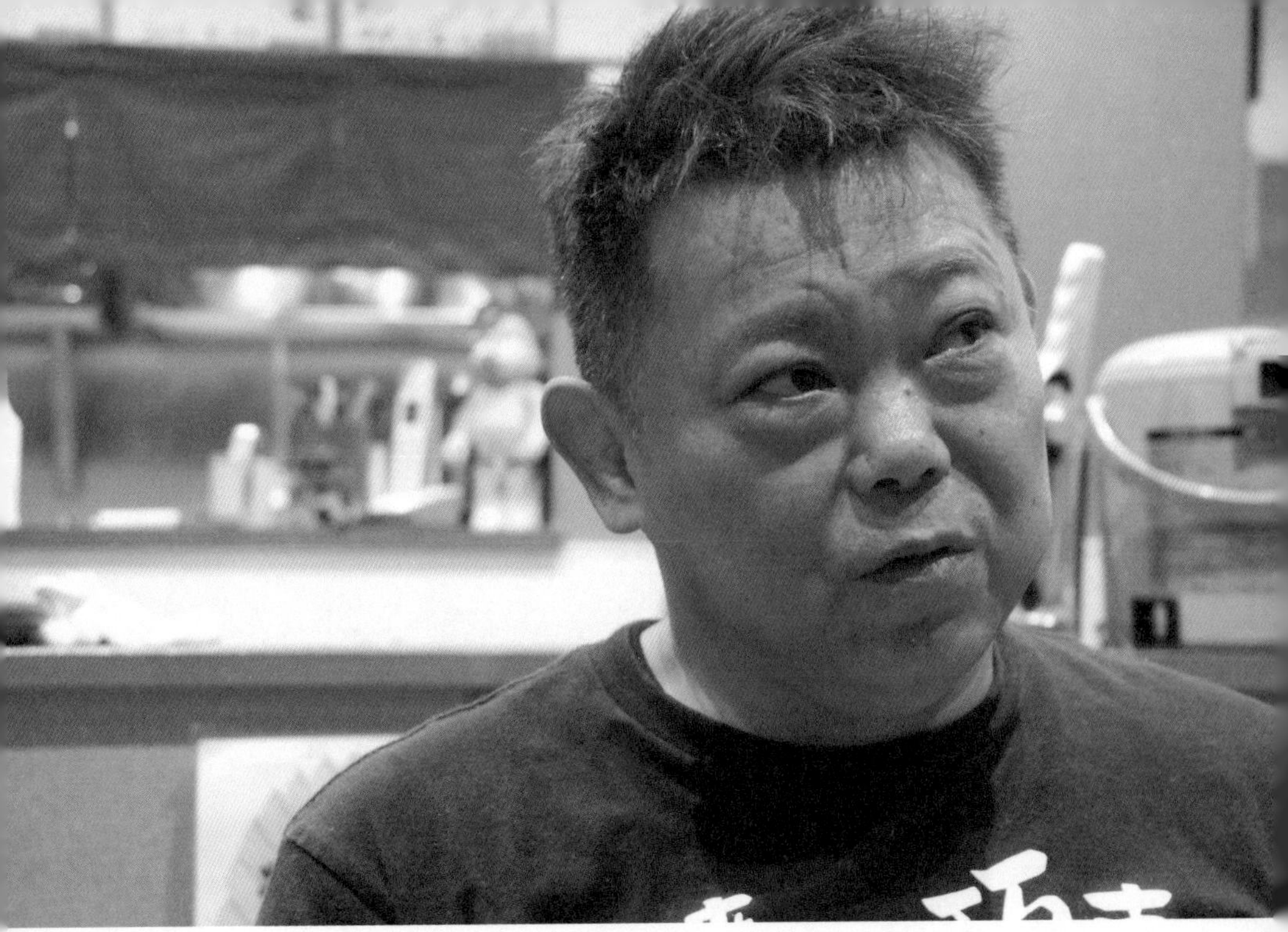

に対戦できているんですよね。ライガーさんのいちばんギラギラしていたときだし、船木さんは藤原組のエースだったし、天龍さんも身体がいちばん凄いときですもんね。

佐野　ボクのやりたいことは全部やらせてもらえたんでね、自分的には満足かなと。その年代年代で刺激的な選手とやらせていただいたんでね。

――PRIDEではホイラー・グレイシーとも対戦しているし、その後ノアでは三沢（光晴）ともやられていますけど、三沢さんはいかがでしたか？

佐野　三沢さんは、同じ全日本系の天龍さんと似た部分もありながらもまた違う感じで。「懐が深いな」と思いましたね。

――その「懐の深さ」というのはどのへんで感じました？

佐野　最初に三沢さんとやらせてもらったときに凄く感じたんですよ。初めてやる相手っていうのは、お互いに怖いもんなんですけど「まず受け入れる」っていう姿勢が三沢さんにはあったんです。とことん受け入れて、そこからが強いんですよね。で、ボクもどっちかっていうと受けるほうだと思うので、三沢さんがやってることの凄さがよくわかるのかもしれない。

――佐野さんは2007年4月に三沢さんと武道館でGHCヘビー級タイトルマッチも経験していますけど、あのときはどんな感想を抱きましたか？

佐野　「対応力が凄い」と思いましたね。たとえばこっちが急にトペにいっても、とっさにすぐ対応する。それができる選手ってなかいないんですよ。あとはやっぱり「我慢強いな」って。武道館のタイトルマッチのような大きな試合になると、どうしても我慢比べになるからね。こっちも自分の攻撃には自信があるけど、その自信にちょっと迷いが出るくらい我慢強いなって。

――だからこそ、極限まで闘う四天王プロレスができあがったんですかね。

佐野　そうかもしれないですね。あの我慢強さっていうのは、ボクがこれまで対戦した中でもいちばんだったと思うね。だからそういう選手とも闘えたのは幸せですよ。

――では現役生活にもう未練や悔いはないですか？

佐野　自分がやりたいことはやれたので悔いはないかな。プロレスでやりたいことはもうやりきったなって思いますね。

――これで心置きなく『焼肉巧真』に全力投球できると。

佐野　こっちでもやりたいことをやらせてもらえてるんでね。お店もプロレスも中途半端な気持ちじゃできないから、これがいい機会かなって思います。

――『焼肉巧真』は、本日（1月8日）から新年の営業開始ということで、東京ドーム大会が終わっても、ほぼオフがないまま〝新シリーズ開幕〟ですね（笑）。

佐野　まだ身体があっちこっち痛いんだけどね（笑）。いつまでも休んでいるわけにいかないし、お客さんも待っていてくれてるんでね。

――ドームでは『焼肉巧真』のTシャツを着て入場してきましたけど、「これからはこれが俺の〝試合コスチューム〟だ」っていう思いもあったんですか？（笑）。

佐野　本当はこういうのを着て出たくないほうなんだけど、ここに来てくれるお客さんが喜んでくれたらなと思ってね。ちょっと恥ずかしかったけどね（笑）。

――これからはここが〝ホームリング〟ですから、そのお客さんのためだったんですね。

佐野　やっとケジメがつけられたんでね。これからは焼肉屋のオヤジとしてがんばっていこうと思ってるんでね。

――ちょうどいい時期に、意味がある試合ができたのかもしれないですね。お店をはじめて1年ぐらいですか？

佐野　ちょうど1年ぐらいですね。だからボクに踏ん切りをつけさせてくれた、ライガー選手と新日本プロレスにあらためて感謝の言葉を述べたいですね。

――では、35年ちょっとの現役生活、おつかれさまでした！

佐野　ありがとうございます。また焼肉を食べにきてください（笑）。

――また関西にきたら寄らせていただきます！（笑）。

焼肉巧真
TAKUMA
京都市西京区
〇七五（三八二）五五二九
焼肉巧真
TAKUMA

魅惑で危険な世界一周プロレス放浪記。プロレスの旅人は〝ワールドツアー〟で何を目撃したのか？

ディック東郷

［レスリングマスター］

「もう自分に引退はないので身体が動かなくなるまでプロレスを続けようと思っています。これからもいろんな国に行って教えたいし、いまはアジア各国でもプロレスが始まっているので、アジアツアーもいいなと思っています」

収録日：2020年1月4日
撮影：橋詰大地
試合写真：平工幸雄
聞き手：堀江ガンツ

「生まれて初めて行った海外がメキシコで、あまりにもインパクトがありすぎて凄くショックを受けた」

――昨年末に東郷さんが出された『東郷見聞録 世界一周プロレス放浪記』（彩図社）を読ませていただきました。

東郷 ありがとうございます！

――これは東郷さんが2011年8月から約1年間、欧州と南米を中心に世界を旅してきたことが記された放浪記ですけど、これまでいろんな日本人レスラーが海外で活躍してきましたが、東郷さんみたいな形で海外に行くのは本当に珍しいですよね。

東郷 そうですね。自分のプロレス修行のためだったり、あとは海外のプロモーションからオファーがあって単発で行くパターンは多いですけどね。

――普通は修行のためか、稼ぐためにいろんな国をまわるわけですけど、東郷さんの場合はプロレスがそれほど盛んじゃない国にあえて行って、自分のプロレスを広めつつ、見聞も広めるという。

東郷 だからたぶん初めてじゃないですかね。こういう形で1年以上、海外をまわったレスラーっていうのは。

――この〝ワールドツアー〟は前から考えていたんですか？

東郷 そうですね。「引退するときは最後にいままで行けなかった国をまわって、ボリビアを最終地にする」っていう計画は前からあったので。

――最後の地がボリビアというのは、チェ・ゲバラが亡くなった地だからという理由なんですよね？

東郷 はい、そうですね。

――もともとゲバラを敬愛していたわけですか？

東郷 それにはきっかけがあったんですよ。自分はユニバーサル（レスリング連盟）でデビューして1年後にメキシコ遠征に行って、そのときが初めての海外だったんですけど、街中でチェ・ゲバラのTシャツが凄く目についたんです。当時自分はバカだったし、知識もなかったんで、チェ・ゲバラのことも知らなくて「何をやってる人なのかな？」っていう感覚だけだったんですけど。そのTシャツが凄く頭に残っていて、日本に帰国したあとに「あのTシャツの人はどういうことをやったんだろう？」って調べたら凄い人なんだと知って。その生き様がカッコいいなってことでゲバラが好きになったんです。

――歴史上の人物の生き様に惚れる感じで、ゲバラのファンになったと。

東郷 ファンですね。

――その足跡を辿りたいっていう思いがずっとあったわけですか？

東郷 そうですね。だからワールドツアーに出る前からゲバラが生まれたアルゼンチンに行ってみたり、革命を起こしたキューバに行ってみたり、ゲバラにまつわるところにはいろいろ行きましたね。

——もう以前からアルゼンチンやキューバまで、ゲバラの足跡を訪ねる旅をしていたんですね。

東郷　試合と試合の合間に時間ができたら、自分で航空券を取って好きなところをまわったりしてたんですよ。

——それはまったく存じ上げておりませんでした（笑）。

東郷　本当にプライベートで行っていたものなので、みんな知らなかったと思います。いまみたいにSNSもなかったので、べつに公表するわけでもなかったんで（笑）。

——このワールドツアーでは、バックパッカーで世界を旅したわけですけど、以前からそういう旅はされていたんですか？

東郷　そうですね。『地球の歩き方』みたいなガイドブックは持っていかずに現地に飛び込んで。現地の人がやっているのを見て、真似をして同じものを食べたりとか、そんな旅をしていましたね。

——それはかなりリアル・バックパッカーですね（笑）。そういう原点が最初のメキシコ修行だったわけですか。

東郷　初めて行ったメキシコ修行ですね。生まれて初めて行った海外がメキシコで、あまりにもインパクトがありすぎて。まずスモッグで空気が汚いじゃないですか。

——ボクも4回くらいメキシコに行ってますけど、もう空気の臭いからして違いますよね（笑）。

東郷　そして交差点では、裸足の子どもがクルマのワイパーを寄せて勝手に窓を磨いたりとか、ホームレスもそこらじゅうで赤ちゃんを抱いているし。そういうのを見て凄くショックを受けたというか、ボクも若かったんで。

――メキシコって一人旅の行き先としてもけっこうな上級者コースですもんね。治安が悪いところも多いし。

東郷　そこに1年住んでたんで「世界っておもしろいな」って感じて。そこからですよね、いろんな国を見たくなったのは。

「初めて行く国には凄く興味があるし、好奇心でいろんなところに行く。銃声って日本にいたらまず聞かないじゃないですか」

――修行時代にスペイン語もある程度は身につけたんですか？

東郷　ボクはフェリスっていう70過ぎのおじいさんのところに居候をさせてもらっていて、向こうに行ったばかりの頃は何もしゃべれなかったんですけど、そのおじいさんはボクが理解していなくてもずっとしゃべってるんですよ。また向こうは酸素が薄いじゃないですか？　こっちは眠くなるんですけど、眠っていても話してますからね。それがなんかうまく睡眠学習的な感じになって（笑）。

――リアル・スピードラーニング効果がありましたか（笑）。

東郷　いつの間にか頭に入ってきていたんですよね。あとは地元の人間しかいない市場とかで買い物するのも、スペイン語を覚えるいい経験になって。半年が過ぎたある日、タクシーに乗

って普通に運転手と話していたら、お金を払うときになって「あれ、日本人なのか？」って言われて。いつの間にかスペイン語もけっこう話せるようになってたんだなって気づいたんですよ。

――メキシコではひとりだったんですか？

東郷　ひとりです。ボクの先輩はサスケさんとデルフィンさんが一緒に行ったりとか、邪道さんと外道さんが一緒だったりとかペアで行ってたんですけど、ボクは相方がいなかったのでひとりで行きましたね。

――東郷さんがプロレスの基礎をちゃんと身につけたのもメキシコだったりするんですか？

東郷　最初の基礎はユニバーサルの道場で、邪道さんと外道さん、デルフィンさんに教わりましたね。それはアメリカンプロレス的な基礎トレーニングだったので、ルチャを覚えたのはメキシコですね。

――キャリア1年でひとりでメキシコに行くと、試合を組んでもらうところから全部自分でやるわけですよね？

東郷　そうですね。だからいろんな意味で凄く勉強になりましたよね。いまみたいに最初からレールが敷かれて、あらかじめ何から何まで調べられて、いくら必要だとか考えてからいくより、何も考えずに現地に飛び込んで、自分の力で交渉して試合をやっていったので。いまメキシコに来る選手って、みんな日本人宿（日本人向けのペンション形式の宿）に長期滞在するんですよ。そうするとスペイン語も覚えないじゃないですか。

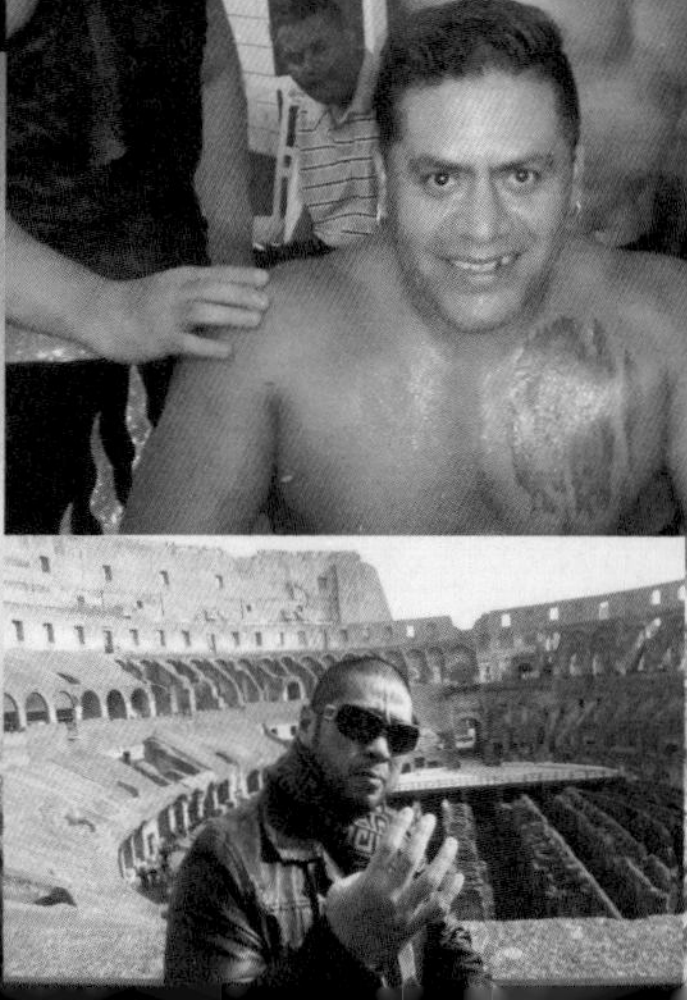

——ボクもメキシコに行ったとき、サンフェルナンド館という日本人宿に泊まりましたけど、宿泊者が全員日本人だから日本語以外はいっさい使いませんでしたからね。

東郷　それじゃメキシコまで修行にきている意味がないと思うんですよ。自分ひとりで外国人と一緒に暮らしていたら、スペイン語も覚えるし、どうやって会場に行けばいいのかとか自分で調べなきゃいけないですからね。当時はいまみたいにスマホもネットもないから人に聞くしかないじゃないですか。そうやって生きていくとかなり鍛えられましたよね。精神的にも。

——それが本来の海外武者修行ですもんね。だから東郷さんをはじめ、初期ユニバーサルの選手はそういう鍛えられ方をしたからそれぞれがその後、花開きましたよね。

東郷　そういう経験がいまに活きてきてるんじゃないかって思いますけどね。

——それがワールドツアーにもつながったし。

東郷　海外自体が怖いっていう人もいるかもしれないけど、自分は怖いっていうのが全然なくて、むしろ初めて行く国には凄く興味があるし、ホントに好奇心でいろんなところに行った感じですよね。

——メキシコは危険なイメージがありますけど、修行時代に危ない目には遭わなかったんですか？

東郷　やっぱりボクが住んでいたところなんかは、夜になると銃声が聞こえたりするんですよ。

——銃声！

東郷　乾いた音で「パンパンパン」って。

——実際の銃声って、ドラマや映画で聞くような「ズキューン」じゃなくて「パンパン」って感じらしいですもんね。

東郷　銃声って日本にいたらまず聞かないじゃないですか？だから「これが銃声なのかな？」ってわかるまでしばらくかかりましたからね。

——花火かな？とか。

東郷　爆竹みたいな音なんでそんな感じですかね。あるとき住んでいたヤツに「夜にパンパン鳴ってるけど、これはなんの音？」って聞いたら「ピストルだよ」って言われて（笑）。

「日本人ってやっぱり平和ボケしてるんで、海外旅行中の警戒心もあまりないからターゲットになりやすい」

——平然と「ピストルだよ」（笑）。それは誰かが殺された銃声かもしれないわけですよね。

東郷　1回だけですけど、目の前で銃撃戦みたいなのもありましたからね。

——えっ、目の前でですか⁉

東郷　タコス屋でタコスを食べていたとき、近くでバンバンって鳴って、みんなが「キャー！」って叫びながらお店に入ってきたんですよ。何事かと思ったら拳銃を持って暴れてる人がいて。

——めちゃくちゃ危ないじゃないですか！（笑）。

東郷　「これはヤバイ！」と思って俺も隠れてましたけどね（笑）。運が悪かったらやっぱり命を落としますね。

——メキシコはタクシーも危ないんですよね。

東郷　タクシーは夜になると赤信号で止まらないときが多いんですよ。なぜかというと、夜に赤信号で止まると強盗にお金を持っていかれる危険性があるので。

——強盗が交差点で待ちかまえてたりするわけですね。

東郷　やっぱり強盗は多いですね。強盗にもいろんな種類があって、首絞め強盗とか。ボクも目の前で落とされたヤツを見たことがありますよ。

——落として動けなくさせてから盗っていくと。

東郷　ペアなんですよね。ひとりは落とす人、ひとりは盗って行く人とで。スリも何回か目撃してますね。スペインのスリなんかは、たとえばターゲットの日本人が切符を買うときにどこから財布を出したかを見てるんですよ。そうすると「財布を胸のポケットから出したぞ」っていうのを下のホームにいる仲間に伝えるんですね。そうするとどこに財布があるか知ってるので、ターゲットが電車に乗る寸前に盗って、盗られた人が電車の中に入ってしまってドアが閉まれば……。

——なるほど！　そんな悪の連携プレーが（笑）。

東郷　もう凄いですよ。賢いですよ。日本人ってやっぱり平和ボケしてるんで、海外旅行中の警戒心もあまりないからターゲットになりやすいですね。

——東郷さんの場合、逆に若い頃に1年間メキシコで過ごしていたので、ちゃんと警戒していると。

東郷　そういう嗅覚も凄く発達しましたね。アンテナというか「なんかここ危ない匂いがするな」って思ったら気をつけるし。

——海外で生きていくにはそういうスキルも必要なわけですね。旅の中でいちばん苦労したことってなんですか？

東郷　なんですかねえ……。いろんなところに行くんですけど、意外と「これは食べれない」っていうのがないので、食事の苦労もそんなにないんですよね。だいたいどこの国にも日本食レストランがあるじゃないですか。だから普段は地元の料理を食べて、ちょっとお金が入ったら日本食レストランに行ったりすれば全然問題ないし、とくに困ることっていうのはないですけどね。

——ないんですね（笑）。さすがです。

東郷　移動のバスが日本みたいにちゃんと時間が決まっていなかったり、長距離だと平気で到着が5時間ぐらい遅れることがあるから、そういうので困ることはありますけどね（笑）。ただ、それはそれで「この国にきたらしょうがないな」って割り切れば気にならなくなるし。とくにそんな困ることもないですね。

——では今回のワールドツアーも、「行けばなんとかなるだろう」と。

東郷　そうですね。初めての国も多かったので多少は不安もあ

りましたけど、それも含めて楽しみのほうが多かったので。

——ちなみに予算はどれくらいを考えて行ったんですか?

東郷　予算はだいたい100万円くらいですね。飛行機のチケット代が50万ちょっとしたので。でも50万ちょっとで世界をまわれるって安くないですか?

——たしかに。しかもけっこう長い期間ですよね?

東郷　1年ちょいですね。

——いわゆるオープンチケットで。

東郷　はい。区間ごとでルートが決められてるんですけど、そのルートの中だったら自分で「ここからここまで」とか決めて自由にまわれるんですよね。

「ヨーロッパはほとんどアメリカンプロレスに侵されているし、南米も完全にルチャをやっているところが少ない」

——では、オーストラリアから始まって最後はボリビアということだけ決まっていて、途中はその都度、行き先を決めていたんですか?

東郷　いちおう大陸から大陸には戻れないんですよ。なので最初にチケットを買うときにおおよそのルートを決めておかなきゃいけないんですけど、「最後がボリビア」というのは決まっていたので、日本からオーストラリアを経由して、ヨーロッパ、北米、中米、南米って行くのがいちばん効率がいいかなと思ってそういうルートにしましたね。

——最終地点のボリビアでのプロレス事情について、情報っていうのはどれくらいあったんですか?

東郷　いや、ほとんどなかったです。

——プロレスが存在することがわかってるくらい(笑)。

東郷　あるということはわかってましたけど、それもYouTubeでやってるのをちょっと観たくらいで(笑)。「行けばわかるだろ」って感じで行きましたね。

——各国での試合オファーは、パソコンを用意してフェイスブックのアカウントを作って連絡を待つ感じだったんですか?

東郷　パソコンっていうかスマホですね。パソコンって荷物になるし、持っていると盗まれたりする危険性もあるので、スマホで全部やっちゃおうと思って。でもスマホを落としたらアウトですけどね(笑)。

——スマホがめちゃくちゃ重要なツールだったんですね。フェイスブックでは「これからワールドツアーをやるので、試合オファーをお待ちしています」みたいなことを書いてたんですか?

東郷　そうですね。たとえば「いまオーストラリアにいます。次にヨーロッパに入ります」って書くと、けっこう現地のプロモーターからオファーがくるんですよ。「じゃあ、ウチにきて!」って。

——そのプロモーターはもともとの知り合いっていうわけでもないんですよね?

東郷　知らないですね。
――誰かレスラーとのつながりとかなんですかね？
東郷　そういう紹介みたいなのもありましたけどね。でも基本的には現地に行ってからオファー待ちとか、こっちからお願いしたりでしたね。
――それは英語かスペイン語ですか？
東郷　やりとりはほとんど英語ですかね。スペイン語圏のところはスペイン語でやりとりしましたけど。
――東郷さんはスペイン語だけでなく英語もいけるんですか？
東郷　いや、ある程度は翻訳機能を使いましたね。ボクは中高時代に英語の成績はあまりよくなかったほうなんで（笑）。会話ではなんとなく理解できていても、文章にするのは難しいじゃないですか？　それは翻訳機能で「これは通じるんじゃないかな」っていう感じで書いて、かならずしもそれが合っていたかどうかはわからないですけど（笑）。でも、それでなんとなく会話にはなってたので、そんなに難しいこともないじゃないですか。
――ルートとしてはヨーロッパをまわったあと、アメリカに渡るわけですよね。
東郷　そこから中米に行ってグアテマラ、メキシコ、そのあと南米ですね。
――中南米のプロレスっていうのは、どこもルチャリブレなんですか？

東郷　国によりますね。完全にルチャリブレのところもありますし、WWEを観て影響を受けてから団体を立ち上げたところはアメリカンプロレスですし、2つに分かれますよね。

――やはり、よくも悪くもWWEは世界中に影響を与えてるんですね。

東郷　WWEの影響っていうのはかなりありますね。ヨーロッパもいまや完全にアメリカンプロレスですから。昔みたいなキャッチとか、ランカシャーレスリングみたいなのをやってる人っていうのは本当に少ないですね。

――世界中のプロレスがWWEの亜流になって、その土地ならではのプロレス文化がなくなってきているわけですね。

東郷　なくなってきてますね。

――それは世界をまわっていて感じましたか？

東郷　感じますよ。ヨーロッパはほとんどアメリカンプロレスに侵されているし、南米も完全にルチャをやっているところってボリビアとアルゼンチンくらいなんじゃないですか。

――南米もそうなんですか。

東郷　あっ、グアテマラもルチャですね。でもエクアドルもアメプロでしたし、ペルーは半分半分くらいですかね。アメプロとルチャがミックスっていうか。

――その土地のプロレスが受け継がれているというよりも、WWEを観た人が自分もやりたくて始めたみたいなのが多いと。

東郷　だからできて5年くらいの団体とか、まだ日が浅いところもいっぱいありましたね。ペルーなんかもボクが行った頃はできたばかりでしたから。もともとペルーにプロレスの文化はなかったみたいで。だから歴史が古いところっていうとボリビアとかアルゼンチンじゃないですかね。アルゼンチンはWWEが嫌いなので、完全にルチャなんですよ。

――メキシコも、東郷さんが修行した90年代前半とはだいぶ変わったんじゃないですか？

東郷　全然違いますね。いまの時代ってジャパニーズスタイルもアメリカンスタイルも関係ないじゃないですか？　日本にもアメリカやメキシコのスタイルがだいぶ入っていて、アメリカも日本もメキシコも、やってることが変わらなくなってきてるんですよね。

――みんなアメリカ、日本、メキシコのミックスになってますよね。

東郷　全部のいいとこ取りみたいな。そういうスタイルなので、いまは何スタイルとかってなくなってきていると思いますね。

「中南米って警察もカネでどうにでもできるような社会だから怖いんですよね。カネで解決するのがいちばん」

――メキシコも、ルチャがルチャでなく、〝プロレス〟になってきているわけですね。

東郷　そうですね。だからボクが行っていた頃のルチャリブレってホントにおもしろかったなって思うんですよ。いまでもメキシコの地方に行けば、まだ懐かしいルチャスタイルでやっているところはいっぱいあるんですけどね。ただ、最大手のCMLLがもうミックスになっているので。

――90年代にルチャのテレビ放送が始まって、WWEの放送も始まったりしてから激変したわけですね。

東郷　あと、いまはメキシコからWWEに行く選手も増えたじゃないですか。それの影響もありますね。

――ミステリオなんか、WWEでもレジェンドになっていますもんね。でもルチャらしいルチャが失われているのはちょっと寂しいですね。

東郷　寂しいですよ。本来のルチャは味があっておもしろいんですけどね。

――あと、南米はメキシコ以上に危険なイメージがありますけど、いちばん危険な国ってどこでしたか？

東郷　やっぱりグアテマラでしょうね。グアテマラに着いた瞬間から、自分のセンサーが鳴りっぱなしでしたから（笑）。

――危険信号発信しっぱなし（笑）。

東郷　あそこは誘拐とか殺しも多いですし、だから夜になるとあまり人も歩いてないですからね。

――現地の人でも夜は歩くもんじゃないと。

東郷　だからボクが泊めてもらったプロモーターの家も、家に入るまでに何個も鍵を開けてましたからね。それぐらい厳重にしていないと危ないというか。

――よくそれで現地の人たちは日常生活を送っていますよね。

東郷　お金を持っていない人たちは狙われる危険性はないですけど、ボクが行ったプロモーターはそこそこお金を持っていてちゃんと立派な家に住んでいたんで、そういうところはやっぱり気をつけてますよね。入られる心配があるんで。

――強盗もそういう家を狙うわけですもんね。

東郷　ボクが泊めてもらった部屋なんかもドアの四隅に鍵がかかっていましたからね。家の中にある部屋なんですけどね（笑）。

――もし強盗に入られてしまっても、最低限部屋の中には入ってこられないように（笑）。

東郷　それぐらいしないと危ないんでしょうね。強盗をやってる連中って警察とかも気にせずにやりますからね（笑）。メキシコのマフィアなんかも警察関係ないじゃないですか。

――中南米ってそういうの多いですよね。警察もマフィアとかのヤバい犯罪組織には手を出せないみたいな。

東郷　警察もカネでどうにでもできるような社会じゃないですか。だからそこは信用できないですよね。このツアーでは行ってないですけど、コスタリカに行ったとき、やっぱり警官からカネを巻き上げられましたからね。

――強盗じゃなく、警察に巻き上げられたんですか（笑）。

東郷　夜、たまたま人通りの少ない路地を歩いていたらパトカーが目の前を通ったんですね。そうしたら一度通り過ぎたのに

ディック東郷(でぃっく・とうごう)
1969年8月17日生まれ、青木他県大館市出身。プロレスラー。
高校を卒業後、ユニバーサル・プロレスリングに入門。1991年6月5日、巌鉄魁としてMASAみちのく戦でデビュー。1992年にメキシコ遠征、1993年にみちのくプロレス入団。1998年3月にWWF(現WWE)と契約したが翌年退団して帰国、大阪プロレスやみちのくプロレス、新日本プロレスなどに参戦する。2010年4月に会見をおこない「2011年6月をもって日本でのプロレス活動の引退、2011年6月から1年間は国外でプロレスをおこない、最終的にボリビアで引退する」ことを発表。DDT、ノア参戦などを経て2011年8月より世界ツアーへ出発。オーストラリア、ヨーロッパ、アメリカ、中南米を転戦し、2012年6月21日に最終目的地である尊敬するチェ・ゲバラの終焉の地、ボリビアに到着。現地で引退試合をおこなった。2016年6月5日に復帰を宣言して現在も現役として活躍中。

バックして俺のところに戻ってきて「パスポートを見せろ！」って言ってきたんですよ。でも俺は中南米ではパスポートを盗まれたり失くしたりしたら怖いので、ホテルに置いて、パスポートのコピーだけを持ち歩いてるんですよ。だからそのコピーを見せたら「本物がないとダメだ！」って言いがかりをつけてきて。「じゃあ、ホテルにあるから一緒に行こう」って言っても「それは無理だ」って言って。これはもう警察署に連れていかれると思ったんで、「……カネがほしいんだろ？」って言って（笑）。

——早い話、カネだろ？と（笑）。

東郷　そうしたらウンとは言わないんですけど、顔に「そうだ」って書いてあるんですよ（笑）。

——「俺はそうは言ってないぞ」と（笑）。

東郷　それであんまり高額を渡すのもシャクだなと思って、とりあえず日本円で2000円くらい渡したんですよ。そうしたら顔がほころんで。で、アイツらはどんなに真っ暗でまわりに人がいなくても「ちょっとこっちにこい」ってパトカーのドアを開けて、周囲から見えない死角のところでもらうんですよ。

——なんか熟練のダフ屋みたいですね（笑）。あからさまにやっているくせに、受け渡しの瞬間だけは見せないという。

東郷　そこは厳重に見えないようにやっていて。そうしたらすぐに帰っちゃいましたね。それで若い警察官も一緒にいたんですけど、そいつはたぶん入ってきたばかりで真面目だったんでしょうね。「うわっ、このオッサン、またやってるわ……」っていう顔で見てましたね（笑）。

——なるほど（笑）。

東郷　でもあれでカネを渡さずに警察署に連れていかれてたら、なかなか出られなかったでしょうね。だからカネを渡して帰ってもらうというのは正解だったんですよ。

——それも現地で生きる術というか。

東郷　そうですね。「自分は悪くないんだから」って、変に頑固に突っぱねて警察に行って、そのまま留置所にぶっこまれたらどんな理由を言っても出してもらえない。保釈金とかが必要になってきますから。

——罪はいくらでもでっちあげるでしょうしね。

東郷　そうなんです。中南米ってそれが怖いんですよね。だからそういうときはカネで解決するのがいちばん（笑）。

「ボリビアには4カ月滞在したんですけど、現地のレスラーたちが凄くよくしてくれて、最後まで盛り上げてくれたので凄く感謝しています」

——そういう〝地球の歩き方〟はどこで学んだんですか？（笑）。

東郷　ボクはアカプルコで最初に経験したんですよ。ビーチを歩いていたら「立ちションしてただろ！」って言いがかりをつけられて、カネを盗られそうになりましたよ（笑）。

——警察がいるっていうことが全然安心じゃないというか。公権力を持っているぶん、よけいタチが悪いですね。

東郷　なんでも罪にできますからね。ホントに警察官はシャレにならないですね。

——海外でいちばん気をつけなきゃいけないのは警察官（笑）。

東郷　あとメキシコなんかはテピートっていう市場があるんですけど、口が開いたバッグを持って歩いていると、そこに警察官が麻薬を入れるんですよ。それで先に進むともうひとりの警察官がいて「カバンを見せろ」って言われて、カバンから麻薬が出てくるじゃないですか。もうそのままぶち込まれますよね。保釈金狙いの詐欺で。

——警察がそんな悪の連携プレーまでやるんですか！（笑）。

東郷　テピートの中ではマリファナ臭が凄いんですけど、警察はそういうのは全然捕らえないんですよ。そこらじゅうでみんな吸ってるのに（笑）。

——それは取り押さえたところでカネにもならないから、見て見ぬふりをすると（笑）。

東郷　カネにならないからでしょうね。外国人からカネを巻き上げるのがいちばん簡単でしょうから。小遣い稼ぎでやってるんでしょうね。

——そういう社会の仕組みを理解していないと、簡単にカモにされちゃいますね。

東郷　だから日本人なんかはそういうので相当巻き込まれてますよね。

——東郷さんはこのワールドツアーで、大事なものを盗られたとかそういうことはなかったんですか？

東郷　それがね、何も盗られなかったんですよ。

——さすがですね（笑）。

東郷　でも本としては何もおもしろくないかもしれないけど（笑）。1年以上まわってたんですけど、なんにも遭わなかったですね。それも不思議でしたね。

——だいたいパスポートが失くなったりとか、国から出られなくなったりとかありますけど、全然大丈夫だったと。

東郷　自分の不注意で飛行機に乗り遅れたっていうのはあったんですけど、襲われたとか盗まれたっていうのは1回もなかったですね。

——それは対策がしっかりしていたからなんでしょうね。

東郷　アンテナを張って常に警戒してるっていうのもあるし、やっぱり旅の途中で何か盗られたら、そこで旅が終わっちゃうじゃないですか。だからそこは凄く気をつけてましたね。あとはこっちが警戒してるっていうのを表に出していると、向こうも近づきにくいですよね。

——なるほど。逆に向こうもプロだからそれがわかるわけですよね。

東郷　わかりますよね。狙うにしても警戒していない人から狙ったほうがより簡単に盗れますからね。

——では、そういう旅を1年以上続けて、ボリビアで引退試合をしっかりまっとうできたときの気持ちっていうのはどうだったんですか？

東郷　ボリビアという国にも感謝でしたし、ボリビアのレスラー仲間は初めて会ったのに凄くよくしてくれて。ボクは4カ月滞在したんですけど、そのあいだに「引退を盛り上げよう」ってことで、テレビ局に連れていってくれたりとか、練習をしたりとか。ボリビアは普段、そんなに頻繁にプロレス興行を打たないのに、俺がきてるってことでいろいろ興行を打ってくれたりとか。それで引退の日まで決めてくれて、最後まで盛り上げてくれたので凄く感謝していますね。「最後をボリビアにしてよかったな」と思いました。これがアメリカとかメキシコ、ヨーロッパだったらどうなっていたかわからないですよね。

——最後の地にボリビアを選んだ東郷選手に対して、現地の人たちも意気に感じてくれたんですね。

東郷　凄くありがたかったですね。

——ご自身としては、ボリビアを最後に「プロレスをやりきった」という感じで。

東郷　最後はホントに力尽きましたからね（笑）。

「世界一周が終わって休んでる間にどこも痛くなくなって、体調がよくなっちゃったんですよ（笑）」

——でも、その約4年後に現役復帰をしたというのは、やはり帰国後、またプロレスをやりたい気持ちが自分の中によみがえってきたんですか？

東郷　いや、そのときは完全にやりきったつもりだったんですよ。そういう気持ちが出てきたのはベトナムに行ってからですよね。

——ベトナムにはどういう経緯で行くことになったんですか？

東郷　ボリビアから帰国後、日本で一般の仕事をしていたんですけど、ある人から「ベトナムのショッピングモール内にプロレスの常設会場を作る予定があるから、そこでプロレスを教えてほしい」って言われたんですよ。それでベトナムに渡ったんですけど、行ってみたらその計画は頓挫していたんですね。それで途方に暮れていたら、ベトナムでカジノホテルを運営している社長が手を差し伸べてくれて、ベトナムのカジノで用心棒をやることになったんですよ。

——プロレスではなくバウンサーをやられてたんですか。

東郷　2年間、用心棒をやりながらプロレスも教えたりしていたんです。そうしたらあるとき、日本とベトナムの文化交流のイベントがあって、そこで「プロレスをやってくれ」ってカジノの社長に言われたんですよね。しかも「おまえも試合に出ろ」って言われて。「でも俺、引退してるんですけど」って言ったら「おまえが出るならお金を出してやる」って言われたんで、社長には世話になっているし、日本からも選手を呼んでひさしぶりにプロレスをやったんですよね。そうしたら当日、凄い豪雨だったんですよ。

――野外のイベントだったんですね（笑）。

東郷　豪雨の中で試合をして、受け身をとった瞬間に水しぶきがバーッと弾けて、観客も凄くハイテンションで騒いでくれてね。なんかその瞬間、「またプロレスがやりたいな」と思ったんですよね。

――プロレスラーとしての快感を思い出してしまったと。

東郷　そうですね。それで「また戻りたいな」と思ったんですけど、その頃は引退してからまだ2年くらいだったので、そんなにすぐに戻るわけにいかないなって、ずっと気持ちを抑えていたんですね。それでバウンサーの仕事を辞めて日本に帰って、何年かしてから「やっぱりやりたい」と思って復帰に至ったんです。

――一度ついてしまった火はずっと消えなかったわけですね。

東郷　消えないんですよね。消そうと思って抑えていたんですけど、やっぱり消えなかった。だから大きなケガでもして、できない状態にならないかぎり消えなかったんじゃないですかね。

――引退後、体調はいいわけですもんね。

東郷　体調はよくなっちゃったんですよ。世界一周が終わって休んでる間にどこも痛くなくなったんですよね（笑）。

――なんか身体が動くぞと（笑）。それで復帰してからは「プロレスを一生やっていくぞ」という感じですか？

東郷　そうですね。一度「引退」って言っちゃったし、もう自分に引退はないので、身体が動かなくなるまでは続けようと思っていますね。

――でもワールドツアーの目的のひとつと同じように、これからさらにいろんなプロレスを経験して、自分のプロレスを世界に広めていきたいという思いもあるんじゃないですか？

東郷　だから機会があれば、いろんな国に行って教えたりとかしたいですね。ボクが世界一周をしていたときはアジア各国にプロレスはそんなに広まっていなかったんですけど、いまはアジアでもいろんな国でプロレスが始まっているんで、アジアツアーもいいなと思って。アジアツアーだけでも6カ国以上行けると思うので。

――そういうプロレス新興国っていうのは、それこそWWEをテレビで観て「自分もやりたい」と思った人がやっているだけで、プロレスを教える人もいなかったりするんじゃないですか？

東郷　そうなんですよ。まずコーチがいないんですよね。だからシンガポールなんかはボクがヘッドアドバイザーみたいな感じでたまに行って教えたりもしてますし。そういったことも、これからどんどんやっていきたいですね。

――そういうレスラー人生の新たな目標も、世界一周の旅の中で見つかったわけですね。

東郷　そうですね。今後はそういう形でやっていけたらと思っていますね。

PERRITO

かみのげ

第22回『アップライト』

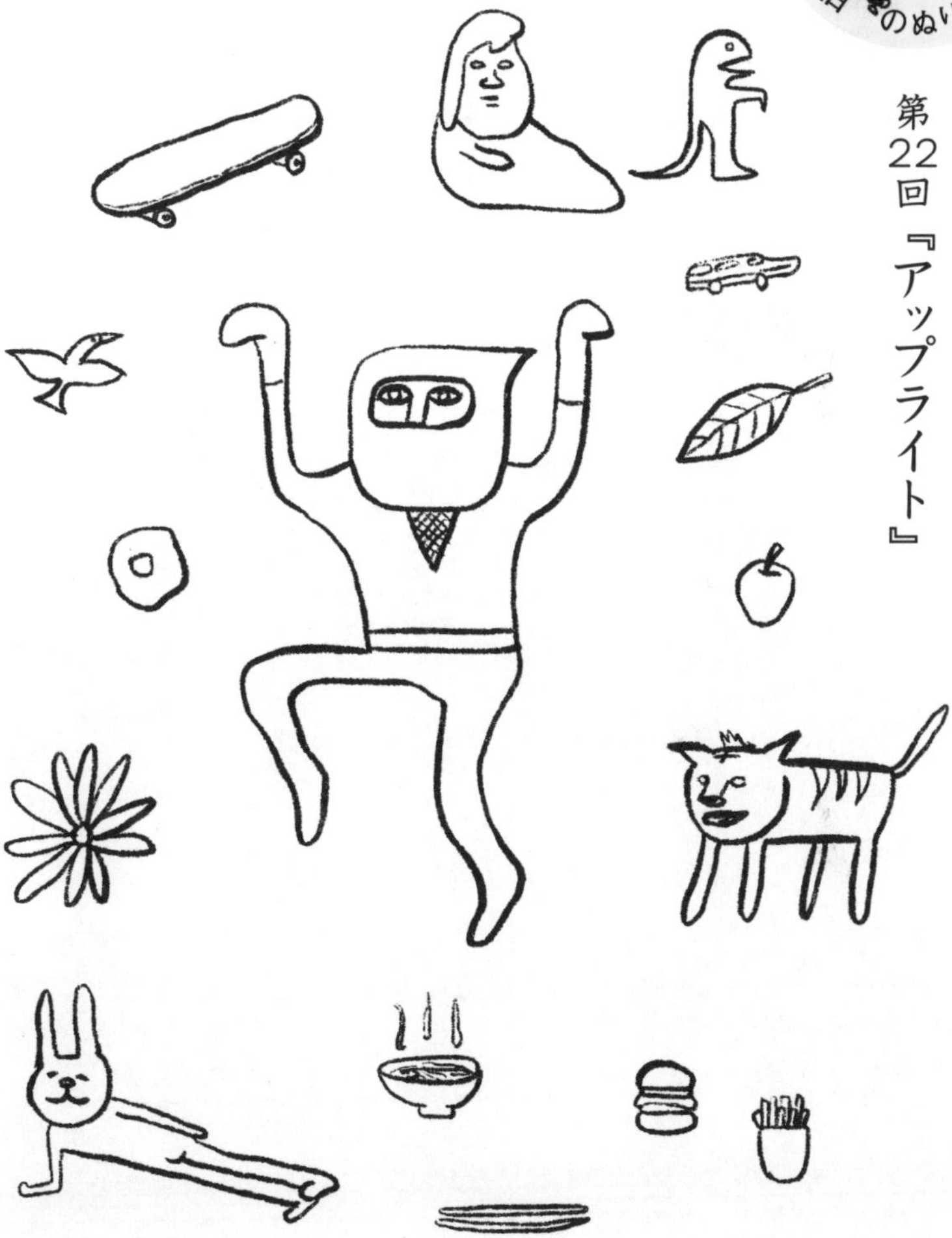

中邑画伯には毎回メールで素敵な絵を送ってもらっているんだけど、
今回は「いまアトランタ空港にいるのでここで描いて送ります」と
LINEをもらってから30分後に送られてきた絵がこちら。早い！
件名に一言「アップライト」。たしかにアップライトに構えてるね。さあ、ぬってちょうだい！

ぬったイラストを写真に撮って、ツイッターやインスタグラムなどに投稿してみよう。
そのときはかならず「＃中邑画伯」を忘れずに。そうしたら、みんなの作品を中邑画伯や
編集部員たちが見つけてニンマリすることができるから！

TARZAN BY TARZAN

ターザン・バイ・ターザン

はたして定義王・ターザン山本!は、
ターザン山本!を定義することができるのか?
今回はついに『週刊プロレス』誕生編!!
大事なところなので増ページ!
「大阪というマスコミ辺境の地の帝王だった井上編集長は、
東京に行った俺に『辺境の魂を持ったまま、
メインで活躍してくれたらいいな』という思いがあったんだよね。
自分ができなかったことを俺に託したみたいなさ」

絵 五木田智央　聞き手 井上崇宏

第七章　『週刊プロレス』創刊

『どうしても離婚はやめてくれ』とお義母さんに土下座して言ったんだけど、そんな俺の姿を娘が見ていたらしいんだよね」

――『週刊ファイト』で記者をやっていた山本さんは、1980年にベースボール・マガジン社に移籍をされますよね。

山本　そこに触れる際に欠かせない、いちばんおもしろい話が離婚ですよ。まずは離婚の話を聞いてくれ！

――聞きます、聞きます。前回、別居中の奥様が交際相手の家に転がり込んでいたところを山本さんが待ち伏せして会話をしたという話を聞きましたけど、その時点でもう離婚は決定的だったわけですよね。

山本　うん。だから離婚ってさ、人生にとって決定的出来事というか、ネガティブな出来事なんだけど、いま考えると、これはカッコつけるわけじゃないけど、青春というのは神が与えてくれた最大の贈り物なわけですよ！　どんな人間にも平等に青春だけは光り輝いているわけですよ！　それはよく考えたら、結婚というのはそもそも「未熟であることの美しさ」なんですよ。「その未熟であることが最高の美である」ということを俺は発見したわけですよ。だから彼女との結婚生活は、21歳から34歳までの13年間だったんだけど、その13年は未熟の塊なんよ。大人としての能力がなかったわけ。だからこそ、その結婚生活、その青春が楽しかった。だからあの離婚というのは、私の青春の第1章が終わったというだけのこと。

――あくまで第1章が幕を閉じただけだと。

山本　区切りになっただけというさ。離婚するときのお義母さんの話はしたっけ？

――「あなたたち、とりあえず別居してみたら？」という提案をされたんですよね。

山本　最後は？

――それはまだ聞いてないです。

山本　別居していて、「いよいよこれは終わるな」と思ったときにお義母さんから呼び出しを食らったんですよ。その前に俺は1980年4月4日の山本小鉄引退興行で、大阪から川崎市体育館に取材に行ったんですよ。そこでベースボール・マガジン社の杉山（頴男）さんから「ウチに来てくれない？」って言われたので、俺はその場で「行きます！」って言ったんよ。「もう、なんとでもなれ！」と思って。

――「山本さん、東京に来ない？」「行きまーす！」って即答したんですよね。

山本　そう。俺がすぐに「行きます！」って言ったもんだから杉山さんもビックリしてね！（笑）。

――「なぜだ⁉」と（笑）。

山本　「なんでこんなに早く結論が出るんだ⁉」みたいな（笑）。それが4月の出来事で、大阪に戻ってから俺は東京に行くという決心をしたことを井上編集長に話したんですよ。そうしたら大賛成してくれたんですよ。

――「行ってこい！」と。

山本　「それはいいことだ。行ってこい！」と俺を送り出してくれたわけですよ！

――2つ返事が連鎖した（笑）。

山本　そう！　もう短期決戦というか秒殺ですよ、俺の人生は（笑）。それで奥さんの実家に呼ばれて行ったらさ、彼女は新しい男性と一緒になっているわけだから出てこなかったの。つまり、お義母さんだけが交渉相手なんですよ。それでお義母さんが離婚届を用意してたので、俺はそれに判を押して別れたんだけど、そのときお義母さんが俺にそっと餞別として3万円くれたんだよね。ホントは俺が慰謝料を払わなきゃいけないんだけど……いやいや、俺は慰謝料を払う必要はないんですよ！　向こうに男ができたんだから！

――まあ、そうなりますかね。

山本　そうですよぉ。彼女にも新しい相手がいるし、これは別れたほうがベストですねっていうことで、お義母さんも俺を快く送り出してくれたわけですよ。ところがさ、俺は憶えてないんだけど、そのとき俺の娘が襖からそのシーンをこっそり見ていたらしいんだよ。そこで俺はお義母さんに土下座したらしいんよ。

――えっ、なぜ？

山本　「頼むから離婚だけはやめてくれ！」と。

――そこで⁉

山本　うん。あとから知ったんだけど、その土下座してるシーンを娘が見てたらしいんよ。まさか俺はそんなことをするタイプの人間じゃないんだけど、瞬間的に土下座をやったのかもわからないね。つまり、「東京に行ったらいままでの人生を取り返すことができる。あらゆる大きな可能性があるからそれまで待ってくれ。このまま離婚しないでいてくれたら、俺は絶対に大化けして帰ってくるんだ」っていう気持ちがあったんだと思う。それで「どうしても離婚はやめてくれ」ってことをお義母さんに土下座して言ったんだけど、そんな俺の姿を見ていた娘はやっぱり悲しい気持ちになったらしいね。それで奥さんの妹が娘に「見ちゃダメよ！」って両手で目を塞いだんだって。そんな劇的なシーンがあってね……。

――意外ですねえ。

山本　やっぱり俺は彼女のことが好きだったからね。たしかに俺は13年間、ろくな稼ぎもなくて、競馬やパチンコをやってぶらぶらして遊んでたから、将来の見通しがないでしょ。だから見切られても仕方がないわけですよ。だから本当なら直接奥さんと会って話をしたかったんだけど、それは叶わなかったので、逆に「自分が完全に楔を打たなきゃいけない」という決心がついたんだよね。

——つまり東京行きを即決したのは、すべてをリセットするためではなく、かならず凱旋してやると思ってのことだったんですね。

山本　そう！　その自信があった！　大阪ではもう可能性がなかったんよ。出版業界の90何パーセントは東京にあって、ベースボール・マガジン社は総合出版で名前も知られているから、俺にとっては初めて人生のチャンスがやってきたわけですよ。そこに入りさえしたら彼女の気持ちを取り戻すことができるかなと思ったら、そうはならないほどに心がもう変わっていたわけですよ。

——完全に手遅れですよね。山本さんが土下座をしたときのお義母さんの態度はどうだったんですか？

山本　お義母さんは女学校を出ていて、ひじょうにクールでインテリだったんですよ。だから論理的に説明するわけですよ。

——情やその場の空気に流されないんですね。

山本　そうそう。情に溺れない人だったね。それと自分の娘を守らなきゃいけないから俺に対してはキチッと厳しい言い方というか、「これは新たな現実ですよ！」っていうことをバシッと言ったから、俺はもう無条件降伏ですよ。そこで俺の性格的に何も反論はしないし、要望も願望も露わにしないんだけど、土下座をして「離婚だけはやめてほしい」という一言だけは言ったらしいね。

「竹内宏介さんは理想に燃えてベースボールを退社し、UWF的な精神で『ゴング』を立ち上げたわけですよ！」

——結局、その場で離婚届に判を押して。

山本　うん。それで杉山編集長からは「じゃあ、5月から来てくれ」と。もう翌月なんですよ！

——みんな、せっかちですね（笑）。じゃあ杉山さんから誘われたのも、離婚したのも同じ4月なんですね。

山本　みんな凄い猛スピードでさ、俺に有無を言わせないんだよね。でも俺にはお金がないじゃない？　東京に行くには部屋を借りなきゃいけないんだけど、部屋を借りるにも敷金、礼金があるでしょ。引っ越し代もかかるでしょ。そこで俺は必殺技を使ったんよ。

——なんですか、その必殺技って？

山本　当時、アニマル浜口さんの奥さんの初枝さんと仲良くしていたのが阿修羅原の奥さんなんですよ。埼玉の志木市に住んでたんだけど、旦那の阿修羅が家に帰ってこない、家にお金を入れていないような状態にありながらも、子どもが2人いたんですよ。その奥さんは姉さん女房でさ、阿修羅もそこに惚れたんだけど、あの人は遊び人だから。

——家庭を一切顧みないわけですね。

山本　近鉄のラグビー部で日本代表になった人だから超モテモ

テで、オンナに凄いモテるわけですよぉ。それでめちゃくちゃ無頼な生活をしつつ、プロレスの世界に入ってきたでしょ。奥さんはそんな原さんのことがあまりにも好きだったんですよ。だけど生活にひじょうに困っていたので、初枝さんの紹介で知り合った会社の社長さんが奥さんの生活を支えていたことがあるんですよ。俺はその頃にその社長さん、初枝さん、原さんの奥さんと知り合ったんよ。それで、なぜか知らないけど俺は原さんの奥さんと波長が合ったんよ。男っぽいんだけどかわいらしい人でさ。で、俺とよく長電話をしてたんだけど、奥さんはいろんな愚痴を言うわけ。そこまでしゃべらなくてもいいといいうか、マスコミが聞いたらとんでもないネタになるようなことまで話してくるのよ。で、俺はその奥さんに「予算がこれぐらいしかないんですけど、家を借りたいんですよ」と相談したら、奥さんが俺の東京のアパートを探してくれたんよ。

――へぇー。

山本 そうしたらさ、三畳半くらいのちっちゃい、風呂なし共同トイレのボロっちいアパートが大塚にあったんですよ。大塚の隣にある巣鴨はベースボールがある水道橋と直結してるからこれはいいなと思って。

――近いですよね。

山本 そこは家賃が3万円だったんよ。家賃がそれくらいなら礼金とか敷金もしれてるから、俺は東京で生活できるようになったんですよ。そこで東京の第一歩がスタートしたんだけど、俺はそのアパートの1階の部屋に住んでたの。それで向かいにも軒を接してるようにアパートがあるんだけど、そこの2階に若い夫婦が住んでるんだよね。でさあ、夜になったらその若い夫婦がセックスをして女の人が凄い大きな声を出すのよ。「俺はとんでもないところに来たな!」と思ってさ(笑)。その頃の俺の唯一の楽しみは銭湯に行くことくらいだったね。

――ちょっと遡るんですが、当時、杉山さんはなぜ山本さんがほしかったんですか?

山本 ハッキリ言うと、杉山さんは文学肌で石川淳なんかが好きでさ、スポーツに対してはべつに愛着がないんですよ。当然、野球も好きじゃなかったけど、『ベースボール』の編集部にいたりしたわけ。それであるとき、ベースボール・マガジン社の社員たちが反乱を起こしてごそっと退社したんですよ。それが『ゴング』を立ち上げた竹内(宏介)さんたちですよ! 編集だけじゃなくて優秀な広告とか営業もごそっと抜けたんよ。

――60年代の話ですよね。

山本 そう。当時、竹内さんはアントニオ猪木が旗揚げした東京プロレスを応援したんですよ。そうしたら日本プロレスから圧力がかかったわけよね。でも竹内さんには志があったので、同じく志に燃える若き猪木と東京プロレスをプッシュしたんだけど、やっぱりベースボールではなかなか展開することが難しかった。メジャーの日本プロレスを大事にしなきゃいけないっていう会社の判断も当然よね。それで竹内さんは悶々としてい

たと思うんよ。それで「自分の理想とするプロレス雑誌を作りたい」となって、ベースボール・マガジン社を退社したわけ！

――へえー。

山本　要するに当時の竹内さんはＵＷＦ的な精神に燃えていたわけですよ！

――なるほど。そして猪木の姿に自らを投影していたと。

山本　猪木が日本プロレスを蹴って、自分が信じたことをやる、好きなことをやると東京プロレスに行ったわけだけど、その行動に竹内さんは賭けたんですよ。東京プロレスはすぐにパンクはしたけども、俺がのちにＵＷＦに情熱を注いだようなことを竹内さんはやってたんですよ。だから竹内さんこそプロレスマスコミでいちばん熱い人だったんですよ！　じゃないと、ずっとベースボールにいればいいじゃない。だけど現状に煮え切らない、我慢できない、満足できなかったから会社を飛び出し、日本スポーツ出版社に移籍して『ゴング』を旗揚げしたんですよ！

――竹内さんはベースボールでは『プロレス＆ボクシング』の編集長だったんですよね？

山本　編集長だった。それが「ゼロから新しいプロレス雑誌を作るんだ！」ってことで燃えに燃えて、完璧にアバンギャルドで維新軍というか。

――完璧にアバンギャルドで維新軍（笑）。

山本　それで日本スポーツ出版社は、プロレス、格闘技、ボクシングの三本立てで『ゴング』を創刊させたわけ。要するにUWFができたようなもんだよね。ベースボール・マガジンは野球がメインでいろんなスポーツを扱ってるでしょ。でも日本スポーツ出版社はプロレスと格闘技だけでやろうという凄い戦闘集団なわけですよ。

――カッコいい。

山本　それで竹内さんは映画やデザインが好きなので、どういうデザインにしたら雑誌が活きるのかを考えられる人なんですよ。コート紙を使ったりとか、色彩を鮮やかにするというデザイン革命をやったことで『ゴング』はファン受けしたわけですよ。あの人は雑誌革命の第一人者ですよ！　パイオニアですよ！　それをなんでみんなは評価しないのかと思ってね。

「杉山さんは内部改革のためにまずは鈴木庄一さんを迎え入れたんですよ。通称ションベンですよ！」

――初期の『ゴング』はロゴとか表紙、全部カッコいいですもんね。いまだに古本屋で見かけても魅力的に映りますから。

山本　あの雑誌のフォルムは全部、竹内さんが考案したんですよ！　雑誌界での革命児ですよ！　しかもあの人はプロレスファンの心情もわかっていたので、プロレスをどのように雑誌で展開していったらいいかも掴んでたから、創刊した瞬間にファンがドーンと『ゴング』に移動したんですよ。そうして老舗の『プロレス&ボクシング』、のちの『月刊プロレス』をあっという間に追い抜いていったわけですよ。

――完全にUWFですね。

山本　そうして竹内さんは『ゴング』の編集長をやっていたわけだけど、誌面はプロレス、キックボクシング、ボクシングの3つを扱ってると。「それじゃダメだ」ってことで『ゴング』は月刊誌でありながら、月の中旬に『別冊ゴング』というプロレスだけの雑誌を作ったんですよ。本誌と別冊の二本立てにしたわけ。そうしたら『別冊ゴング』のほうが売れに売れまくってさ。本誌のほうはプロレスファンからすれば「キックボクシングのページはいらない」みたいな感じがあって。

――読まないページが多すぎると。

山本　そう。それで日本スポーツ出版社はプロレスが財源の大本になったので、竹内さんがメキメキと会社内で力をつけていったんですよ。

――新大阪新聞社の屋台骨を支えた『週刊ファイト』と同じ構図ですね。

山本　それから日本スポーツ出版社は高校野球とかも出すようになったんだけど、ベースボール・マガジン社は会社が大きいからさ、そういう動きに関してはあまり誰も気にしていなかったわけ。だけど社長は自分の参謀役みたいな人間も日本スポーツ出版社に行っているわけだから気にするでしょ。そうしたら、あるときにプロレスの部数が負けていることに気づいて、頭にきたんですよ。それで『月刊プロレス』を作っていた人たち、編集長以下全員を替えて変革を起こそうとしたわけですよ。そのとき社長は偉かったんですよ。「これはプロレスファンが雑誌を作っていてはダメだ。逆にプロレスファンじゃないヤツのほうがいい」と。それで杉山さんに白羽の矢を立ったわけですよぉ！

——プロレスファンじゃなくて、雑誌作りのプロがいいと。

山本　そして、それを杉山さんはどう捉えたかというと「出世のチャンスが来た」と。自分はプロレスは好きではないけども、ここで編集長になることをチャンスだと捉えて内部改革をしたわけですよ。そのためにまず何をしたかといえば、『日刊スポーツ』を定年退職した鈴木庄一さんというベテランの記者の人がいたんですよ。

——もちろん知ってます。

山本　通称〝ションベン〟って言ってね。

——えっ？

山本　鈴木さんはあだ名がションベンなんですよ。酒飲みでさ、常に飲んだらどっかで立ちションするから。

——そのまんま（笑）。

山本　あるときなんか、特ダネを取ろうとして日本プロレスが会社で会議をしていた部屋に忍び込んで、机の下に潜り込んでたらしいんだよ。そうしたら会議中に机の下から小便がダラーッと垂れてきたって（笑）。

——スクープを取ろうとして、日プロ事務所で机の下に隠れてた⁉

山本　でもションベンはするけども凄い人なわけですよぉ。たしかに鈴木さんは俺をよく飲み屋に連れて行ってくれたんだけど、飲んでる途中にかならず店の前で立ちションするんですよ（笑）。

——トイレですればいいのに。開放感を求めてたんですかね（笑）。

山本　プチヒロイズムかなんか知らんけど、常に堂々と外で立ちションをするんですよ（笑）。でもね、あの人の文章はあまりおもしろくないんですよ。いつもパーレンが多すぎてつまんないわけですよ「ターザン山本（山口県出身）」みたいなさ。もともと日刊紙の記者なので雑誌には向いていないんですよ。でも力道山のことを「リキちゃん」と呼んでたから業界では凄く幅が利くわけですよ。

——顔役ですね。

山本　杉山さんはその顔役を『月刊プロレス』に迎え入れたんですよ。鈴木さんがいれば馬場さんも猪木さんも取材を断れないと。

——言い方は悪いですけど、天下りみたいな感じですよね。

山本　社員じゃないから出勤時間は自由でさ、昼になったらすぐに帰るとか、そういう形でやっていたわけですよ。とにかく杉山さんは鈴木さんのことを頼りにして、原稿を書かせながら付き合っていたんだよね。

——でも、ほしいのは原稿よりも人脈ですね。

山本　そうそう。それで『ゴング』のほうはというと、東スポの桜井康雄さんや山田隆さんたちがアルバイト原稿を書いてるわけですよ。竹内さんは彼らの扱い方がうまくてさ、桜井さんたちに最大限のページを与えることで、東スポからの情報を仕入れるという連合軍的な形を作っていたわけ。それで竹内さん自身は「私はそんなに前に出て行きませんからお願いしますね」みたいなスタンスを取るわけですよ。

——そういう意味でもデザイナーですね。

山本　凄いんですよ。東スポを押さえることは業界を押さえることだからね。でも『月刊プロレス』の編集長は誰もそういう動きをやってこなかったわけですよ。そこで杉山さんが初めて鈴木庄一さんを迎え入れたんですよ。でもそれだけでは新しい雑誌革命はできない、『ゴング』を超えられないということで「何かないかな」と探していたんですよ。

「井上さんが俺に言ったいちばん重要な言葉は『誰にでも自分の中でやりたいことはあるはずだ。それはキミが編集長になったときにやればいいんだ』ですよ！」

——それが山本さんだったと。

山本　その年の2月に札幌で新日本の雪まつり2連戦があったんだけど、雪まつりの時期は札幌市内のホテルが空いてないんですよ。それで杉山さんたちも困っていたし、俺ら『週刊ファイト』も困っていたわけですよ。そうしたら新日本が自分のところのタニマチを札幌に招待して、北海道旅行させるって情報を知ったわけ。それは札幌から1時間くらいの山の中で定山渓温泉っていうのがあるんだけど、そこのホテルを取ってタニマチを詰め込んでるわけですよ。どうやらそのホテルにはまだ空室があるってことで、その新日本のツアーに潜り込ませてもらったんですよ。

——そこで杉山さんと出会ったんですね。

山本　そう。それで定山渓温泉のホテルに行ったらさ、新日本は杉山さんと俺を同室にしていたんですよ。「えっ、相部屋!?」と思ってビックリしたんだけど、会って話してみたら杉山さんとは同年代だったことがわかったわけ。それで親近感を持ったんだけど、杉山さんはその2日間、朝ごはん、昼ごはんを食べて、それからツアーバスで札幌中島体育センターに行くっていう行動パターンだったのね。でも俺は朝からガイジンレスラーとかに突撃取材をガーッとやってるわけですよ！（笑）。自分で写真を撮って、原稿を書いて、写真のフィルムを朝一番の航空便で大阪に送らなきゃいけないんですよ。そのために俺は朝メシも食わずに朝6時の始発バスに乗って、原稿とフィルムを航空便で送って、それからまた取材に行ってるわけですよ。

その様子を杉山さんは目の当たりにして、「ウチにはないバイタリティにあふれてる。やっぱり『週刊ファイト』は凄いな」と見直したわけ。「こういうパワフルな人材を求めてたんだ！　コイツを参謀役にするしかない！」みたいなさ。だって俺はホテルで1回も食事をしてないんですよ。ただただ仕事をしてるんですよ。遊ぼうにも経費がないから（笑）。でも杉山さんはそんな俺の姿を見てスイッチが入ったらしいんだよね。

――それで2カ月後の4月に川崎で山本さんを誘ったわけですね。

山本　2回目に会った川崎で即誘われたんよ。俺としてもこれはいい機会だなと思ってね。それで1980年5月19日に入社。

――で、井上さんは大賛成してくれて「それはいい話だ。東京に行ってこい！」っておっしゃったと。ほかにはどんな会話があったんですか？

山本　井上さんは具体的なことは何も言わないんですよ！　とにかく「行ってこい」と。

――運命論者というか。

山本　いや、運命論者というか他者に対してまったく関心がないわけですよ（笑）。普通なら「おまえ、向こうに行って友達はいるのか？」「東京は厳しいよ」とか、そういう言葉があるわけじゃない。

――どうしたって気になりますよね。

山本　まったく問われないんですよ！（笑）。でも、そのへんが井上さんらしくていいよね。だから無言のメッセージなんですよ。ただ以前、井上さんが俺に言ったことでいちばん重要な言葉があったんよ。「山本くん、俺が編集長のときはキミは自分でやりたいことがあってもできないんだぞ。俺が全部仕切っていくから従うしかないんだ。でも誰にでも自分の中でやりたいことはあるはずだ。それはキミが編集長になったときにやればいいんだよ」という名言を吐いたわけですよ。

――ほう。

山本　ということは「俺は編集長になるまでは好きなことをやらないほうがいいんだ」と悟ったわけ。編集長の方向性に従って、豊臣秀吉の参謀だった黒田官兵衛や竹中半兵衛になればいいんだなと自分に言い聞かせたんよ。それで「編集長を出世させるための役割をやるぞ」と俺は心に楔を打ったんよ。

――バイプレイヤーとして。それでベースボール・マガジン社に入ってみたらどうだったんですか？

山本　まず、その前に杉山さんが俺にこう言うわけですよ。「ウチはね、なかなか途中入社はできないんだ」と。あそこは新潟派閥だとか早稲田閥とかあるでしょ。「キミは大学中退もしているし、途中入社だし、状況的にはとても厳しい」と（笑）。でもね、そこで杉山さんは必殺技を使ったんよ。

――みんな必殺技を持ってますね（笑）。

山本　杉山さんの政治力は凄いんですよ。ベースボール・マガジン社には野球選手個人に迫る『ベースボールアルバム』って

いう雑誌があったんよ。たとえば江川卓とか江夏豊とかのね。それはベースボール・マガジン社じゃなくて恒文社が発行してるわけですよ。

――関連会社の恒文社。

山本　じつはこの恒文社が初代社長のお荷物会社なんですよ。要するに勲章を得たいがために『東ヨーロッパ文学全集』とかを出す会社だったんよ。チェコスロバキア、ブルガリア、ポーランドとか、東ヨーロッパは共産圏だからあまり知られていないわけよ。そこの文学の本を出すと大使館とかから表彰されたりするんだよね。あとは新潟出身の文学者の良寛の全集を出したりとか、小泉八雲の全集を出したりとかさ、すべて道楽でやってるから大赤字になってるわけですよ!

――スポーツ関連ではないから別会社を作ったという意味合いもあるんですかね。

山本　あるときね、アメリカ大統領のレーガンの本を出そうとしたんだけど、約束した期日に発行できなくて、その本が出せなくなったことで大きな損害を被ったわけですよ。その恒文社の赤字にベースボール・マガジン社で儲かったカネをつぎ込んだわけ。それは社員としては納得ができないわけですよ。「自分たちの給料が上がらないのは、私物化してる赤字会社の恒文社というお荷物があるからだ!」と。それは社員にも言い分があるわけですよ。でも社長はスポーツよりも文化活動のほうに入れ込んじゃっているわけですよ。

『プロレスアルバム』一発目のブッチャー編は2日徹夜で作りましたよ！ そのときに俺は必殺技を出したんよ！」

――まあ、あるあるですよね。

山本 その状況での杉山さんの動きが凄かった！ 社長に「『ベースボールアルバム』に匹敵する『プロレスアルバム』を作りましょう。それは恒文社で出しましょう」と進言したんだよ。

――天才！

山本 「そのためにはいまの人員ではできません。ひとり補強しなきゃいけません」と言ったら、社長が二つ返事で「よし、人を入れていいぞ！」って。杉山さんはそういう手を使ったんよ！ 政治力の天才ですよ、あの人は。

――頭いいですねえ。

山本 それで実際に赤字の恒文社を儲けさせたわけだから。『プロレスアルバム』はそうして立ち上がったわけですよ。ところが、そのとき『月刊プロレス』と『デラックスプロレス』があったんだけど、編集部の彼らはベースボール・マガジン社の社員でしょ。「なんで俺たちが恒文社の本を作らなきゃいけないんだ！」ってことで誰も協力してくれないわけですよ。

――そうですね（笑）。

山本 それで俺に白羽の矢が立って、「悪いけど、俺もできるだけ手伝うから『プロレスアルバム』をキミが全部作ってくれないか」と杉山さんが言うわけですよ。

――いい話じゃないですか。

山本 「ああ、俺はそういう形で呼ばれたのか」と納得して「わかりました。一発目は何をやるんですか?」って聞いたら、「ブッチャーでいく」と。その当時、アブドーラ・ザ・ブッチャーはサントリーの広告に出たりして、悪役なのにベビーフェイスみたいな人気があったんですよ。

――プロレスのジャンルを超えた人気ですよね。

山本 そうそう一般人気があったの。

――あの頃、デブのあだ名は全員「ブッチャー」でしたからね（笑）。

山本 だから最初にブッチャーで出すと。そこで杉山さんはこう言ったんですよ。「まあ、これはキミを会社に入れた時点で勝ちだから、3冊出したらやめよう」って。

――クールですねえ（笑）。

山本 「3回出せば形になるから」と、あの人は俺を引っ張るだけのために『プロレスアルバム』を企画したんですよ。それで俺が担当して作ることになったんだけど、取材はゼロなんですよ。なぜかといったらね、「ウチの編集部にあるネガで全部作ってくれ」と言うんだよ。俺はもう「えーっ!?」ってなって（笑）。

――冷蔵庫の中のありものだけでおいしい料理を作れってことですよね（笑）。

山本　それですよ！　それで編集部にあるネガを見てみたらさ、まったく整理されていなくてバラバラなわけですよ。「まいったな……」と思ってね。とにかく「『プロレスアルバムは』はページ数も薄く、チョロチョロとグラビアを入れる程度にするから経費ゼロでいく」って言うんですよ。それで俺は「わかりました。やりますよ」ってなって、杉山さんが表紙を担当して、経費がないからまともなデザイナーじゃなしにちょっと飲んだくれの人を呼んできてレイアウトしてもらってさ、2日で作ったんだよね。

――たった2日で⁉

山本　だって「これは2、3日で作るから」って言うんですよ。杉山さんはデラプロとプロレスの仕事があるから「そっちが徹夜でやってくれ」みたいな。それで俺は2日徹夜して3日目に完成だよね。

――あの『プロレスアルバム』の原稿は全部山本さんが書いたんですか？

山本　ほとんど俺ですよ。2ページだけイラストでブッチャーの物語を描いた人がいて、杉山さんも手伝ってはくれたけど、俺が主役ですよ。でね、そのときに俺は必殺技を出したんよ。

――また必殺技（笑）。

山本　『週刊ファイト』時代に俺はブッチャーを取材したことがあるんですよ。こないだ話した通訳のヴィッキーと一緒にね。で、そのときの取材を『週刊ファイト』には載せなかったんよ。

――お蔵入りになったんですか？

山本　いや、俺が自分で隠し持ってたんよ。内容がおもしろいから。

――おもしろいから載せなかった？　そんなことしていいんですか（笑）。

山本　「これはここで出すのはもったいないな！」みたいなさ。そのときの写真も手元に持ってたんよ。それで「いまこそ世に出すときだ！」ということで、ブッチャーとヴィッキーが向かい合った写真をそこで使ったんですよ！　それを見た杉山さんとかベースボールの社員の人たちが「なんだこれ⁉　ブッチャーと女のコと並べて誌面を展開するなんて凄いな！」ってなったわけですよ。さらにブッチャーがいいことを言っているわけですよ。俺はレスラーに対してかならず同じ質問をするんよ。「あなたにとってプロレスとはなんですか？」と。当時は誰もそんなことを聞かないから俺は片っ端から聞いていったんよ。それに対するブッチャーの答えは「ジャストライク・メイクラブ」。「プロレスはセックスと一緒だよ。やった者にしかその楽しさとおもしろさはわからない。だからキミもリングに上がってくる？」ってヴィッキーに言ったんだよね。「やった人だけがその意味と価値がわかるんだよ」と。俺はその言葉にシビれてさあ！　「やっぱ外国人は哲学を持ってるな！」と思って、それを俺は……。

――『週刊ファイト』じゃなくて『プロレスアルバム』で発表した（笑）。

山本　それとブッチャーに「あなたがいちばん好きな言葉はなんですか？」って聞いたら「リスペクトだ」と。「生きていくうえで、自分以外の人、モノ、社会、世の中に対してリスペクトする精神がいちばん大事なんだ」と言ったんだよね。そのセリフを発表したら凄い反響があってえらいことになったんですよぉ！

「どんなにガンガンにやっても『ゴング』との部数の差が埋まらない。そこで杉山さんが週刊化を考えたんだよね」

――悪役の知られざる素顔に迫ったわけですから画期的なことですよね。

山本　でさ、『プロレスアルバム』はめちゃくちゃ利益率が高いんですよ！　原稿料はかかっていない、取材経費もかかっていない、写真は有りネガのみで（笑）。

――そして、有りインタビュー原稿と（笑）。

山本　だけど、それが売れて増刷したんよ。それで杉山さんが気をよくしてさ、「次はやっぱりマスカラスだな！」と。

――「これはどうやらマスカラスだろ！」と（笑）。

山本　でもマスカラスは『ゴング』の竹内さんの特権というか、所有物なわけですよ。そこに手を出すってことはさ、『ゴング』と竹内さんに挑戦状を叩きつけるようなものでしょ？　俺は「それはヤバイなあ」と思ったんだけど、それを聞いたときに「よし、マスカラスの違った一面を出してやろう」とも考えたんだよね。要するにヒールの面をさ。

――悪魔仮面の本当の意味を教えてやると（笑）。

山本　要するにマスカラスは自分勝手な試合ばかりして、相手の技をまったく受けないとか、そういう『ゴング』が嫌がる一面を原稿で書いて出したわけですよ！　そうしたらそれもまたウケて増刷ですよ！　それから調子に乗って「最後の切り札だ！」と思ってテリー・ファンクをやったんですよ。

――もう3連勝だと（笑）。

山本　コールドゲームですよぉ！（笑）。それでテリーもまた増刷ですよ。そして4番目は猪木、5番目はスタン・ハンセンとやったわけだけど、もう惰性でどんどん売れるわけですよぉ！

――3冊だけでは終わらなかったわけですね。

山本　さらに業界用語で使ってはいけない隠語の「ヒール」っていう言葉を使って出したんですよ。

――あっ、ヒール特集の1冊ありましたね。

山本　もう好き勝手にやって『プロレスアルバム』は70～80回続いたんよ。

――ボク、小中学生のときに全部買ってましたよ。

山本　買ってたでしょ？　でね、杉山さんは「山本は風来坊だからサラリーマンに向いていない」っていう社内の声に対しても、「いやいや、そういうことじゃないんですよ。山本は別格ですよ。このような本を出して貢献度も高いので、みなさん目をつぶってください」っていう形で役員連中に根回しをしたんよ。

――ああ、いい話ですね。

山本　杉山さんは大胆なことを考えていて会社の構造改革を目指してた。「ベースボール・マガジン社自体を変えていかなきゃいけない」と。この会社が池田一族の独占物であることは仕方がない。だけども、それとは違う形態に持っていかなきゃいけない。そのための大改革を目指し、最終的には自分も役員になる、そのためにしっかり力をつけていこうというね。そういう杉山さんの意向を俺もわかってたので、もう杉山さんにも絶対奉公、宮仕えですよ。「杉山さんを出世させるために、俺は参謀としてプロレスのスペシャリストとしてやっていこう」と誓ったんですよ。

――杉山さんも心強かったでしょうね。

山本　それで2人で協力してデラプロ改革もやって、『ゴング』がやらないことをどんどんバシバシやっていったんよ。付録にシールとかポスターをつけたりしてさ。

――はいはい。あれはありがたかったですよ。

山本　ありがたかったでしょ？　それと『栄光のファイル』というベルトの等身大写真を載せるページを作ったり、あるいは『1日デラプロ編集長』としてレスラーを呼んできたりとか、『チャレンジシリーズ』ということでレスラーにいろんなことをやらせてみたりとかね。たとえば長州にローラースケートをやらせたりとかしてさ（笑）。

――あれはデラプロか。ボク、長州のローラースケート姿の写真をしばらくスマホの待ち受けにしてましたよ（笑）。

山本　デラプロですよ。そういうことをめちゃくちゃにやったわけですよぉ！　だけどどんなにガンガンにやっても『ゴング』との部数の差が埋まらないんよ。

――あっ、そうなんですか。

山本　勝負にならない！　だから「このままいったら永久に小競り合いのまま終わってしまう」と。それで杉山さんが考えたんだよね。

――出た。週刊化ですね？

山本　週刊化という最後の奥の手を出したんよ！　「これはもう形態を変えるしかない」と。『ゴング』という雑誌は月刊誌として完成されていたんよ。デザイン的にも構図的にも、色彩的にも、ファンの心理的にも大完成。竹内さんは完璧なる月刊誌を作り上げて、それが支持されている。さらにプロレス専門のカメラマンが撮影をしてるから写真もいい。ベースボールは写真部からカメラマンが派遣されるから、そんなにプロレスに愛がなくて写真でも負けてたんですよ。

――勘所がわかってない。

山本　わかってない。そこで「これじゃ勝負にならない」ってことで大博打を打ったんですよ。ちょうど時期もよかったんよ。当時、新潮社から出した『ＦＯＣＵＳ』というスキャンダル雑誌が爆発的に売れてたんですよ。あれが時代の先端を行ってたんよ。そうしたらなんと、ベースボールの先代社長は野球でそれをやろうとしてさ。

「物事を相談されたとき、向こうにはすでに答えがあるんですよ。俺はその答えを見つけて『表紙はタイガーマスクですよ！』と言ったんですよ」

――野球専門のスキャンダル雑誌！（笑）。

山本　でもプロ野球界のスキャンダルなんかやっちゃいけないんですよ。

――そんなの、むしろベースボール・マガジン社がいちばんよくわかっていそうなことなのに。

山本　なのに野球版の『ＦＯＣＵＳ』みたいなのを作ったんですよ。

――そんなのありましたっけ⁉（笑）。

山本　あったんですよ！　だけど社内には新聞記者のようにスキャンダルなネタを取ることができる人間がいないし、無理なんですよ。たとえ書けたとしても球団から取材拒否をされるだけだよ。それでも社長が二番煎じの一攫千金を狙って「やれ」と言ったんだよね。それで出してみたらさ、雪だるま式に膨大な赤字になったんよ！

――アハハハハ！　なんとも歯切れの悪い雑誌だったでしょうねえ。

山本　一般誌だったらスポーツ選手とか政治家、芸能人のスキャンダルを扱えるけど、野球というジャンルに特化したスキャンダル雑誌なんかをベースボールから出せるわけがないじゃない！　なのに何千万も突っ込んで作ってさ、引くに引けずに毎週出していったら赤字が雪だるま式ですよ。

――時期的には山本さんが入社した頃ですか？

山本　ちょうど俺が入ったときぐらいよ。その赤字のせいで社員の給料は上がらない、ボーナスも出ないみたいなことになったんですよ。

――またしても社員の鬱憤が……（笑）。

山本　別の見方をすれば、会社は最後の土壇場、背水の陣で成り立ってるということが露見したんですよ。そこで杉山さんがまた勝負に出たんよ。「会社が失敗してるからこそチャンスだ」ってことで。

――すげえ……。

山本　「現在、プロレス雑誌は『月刊プロレス』と『デラックスプロレス』の2誌ありますが、『月刊プロレス』を週刊誌にします」と会社に提案したわけ。だけど普通なら「おまえ、何を考えてるんだ！　プロレスごときのマイナーなジャンルで週刊誌なんてありえない」となるわけですよ。「野球だから週刊なんだぞ。おまえはアホか！」ってことで取り下げられるのがオチですよ。普通に考えたらどこの会社でもそうですよ！　だけどベースボールは窮地に陥っていたから、そこでもまた社長の鶴の一声で「やれ！」ってなったんよ。杉山さんの政治的な感性がそこでも相手のスキを突いたわけですよぉ！

——状況を読む能力が高すぎる！

山本　ただ、週刊化は失敗する確率もひじょうに高いじゃない？　でも杉山さんは『週刊ベースボール』にいたから週刊誌のサイクルはわかってるわけ。俺も『週刊ファイト』にいたからわかってる。そうしたら杉山さんが「『週刊ファイト』って部数はどれくらいだったの？」って聞いてくるんですよ。俺は昔、表紙のカラーを印刷していた担当者に「何部刷ってるの？」って聞いたことがあって「7万7000部」って言ってたのね。「『週刊ファイト』は大儲けしてるじゃないか！」と思ったわけですよ。

——やっぱり売れてたんですね。

山本　大儲けしていたから井上編集長は社内で大きな顔をしていたわけですよ。それで杉山さんに「7万7000部ですよ」って教えたら「それだったらウチは8万でいこう」っていう展開になったわけですよ。だけど月刊誌は4、5万部の世界ですよ。でも週刊で8万部も刷るとなれば月に30万部も刷ることになるから、赤字になったらえらいことになるんですよ。でもあの人はおもしろいんですよ。「もしこれで失敗したら、その責任を取ってほかの編集部に行けばいいや」って言うんですよ。「左遷されてもいいよ、どこに行ってもいいや」っていう感じで腹をくくってるんですよ、あの人！

——「まあ、クビにはならねえだろ」っていう読みがあったんですね。

山本　凄い頭がいいですよ！　それで杉山さんはついにその勝負に出たわけですよ。

——『週刊プロレス』創刊は何年でしたっけ？

山本　1983年7月ですよ。タイガーマスクが引退するときね。これは有名な話だけど、杉山さんは創刊号の表紙を何にするかで迷ってたんですよ。業界誌的に作るとすれば表紙は猪木か馬場なんですよ。まあ、猪木だよね。あるいは当時テリー・ファンクが引退したので、テリーのセンもあった。だから「表紙は猪木か、テリーか」となったんだけど、そこで杉山さんはこう考えたんですよ。「もしそれをやったら週刊誌の意味がない。せっかく週刊にしたのに単なる業界誌になってしまう」と。

——月刊誌の発想と変わらないと。

山本　「それだったら8万部は無理だ。これからの方向性としては一般誌化させなきゃいけないんだ。アンチ業界誌でいかなきゃいけない」と。そう思っていたときにタイガーマスクが引退を発表したんよ。それでめちゃくちゃ迷っていた杉山さんが俺に相談をしてきて、「表紙なんだけどさ、タイガーマスクの引退とかいろいろあるんだけど……」って言ってきたので、俺

は「いや杉山さん、表紙はタイガーマスクの引退しかないでしょう!」って言ったんですよぉ(笑)。

——山本さんもそう思ったんですね。

山本 いや、そこは俺がどう思ったかじゃないんですよ。物事を相談されたとき、向こうにはすでに答えがあるんですよ! そのすでにある答えを俺は見つけて「これですよ!」って言ってあげるわけですよ。

——背中を押してあげる。

山本 そうしたら「あっ、やっぱりそうだよな」ってことで自信になるんですよ。だから相手の中には答えがあるんだけど、それを出すことに迷ってるから、その答えを見つけ出して言ってあげればいいんですよ。

「あるとき、テーブルマッチを猪木さんの自宅マンションで収録したんよ。だけど俺は誌面では自宅を一切載せなかったんよ」

——さすが。

山本 案の定、そこで杉山さんは「そうか!」ってなって。

——よっ、名参謀!

山本 それで杉山さんはタイガーマスクの引退を創刊号の表紙にしたんですよ。だけどそれで新日本はカンカンになって怒ったんですよ!(笑)。

――新日本はカンカン、そして全日本もカンカンですよね。

山本　新日本は「なんで辞めた人間を表紙にするんだ！」だし、全日本は「なんでテリー・ファンクじゃないんだ！」となって両方から挟み撃ちみたいなもんですよ！

――みんなが怒った（笑）。

山本　だけど杉山さんがうまいのはさ、あの人は編集長だけど表に出ないでしょ。現場を仕切ってたのは俺でしょ。だから「あれは山本がやってることなんだ」みたいな筋書きがあるんですよ。

――そういうポーズを取るわけですね（笑）。

山本　無意識のうちにそういうポーズを取るから杉山さんは悪者にはならないんですよ。そもそも「あの人はプロレスが好きじゃないから、いくら言っても仕方ない」という空気もあるし。だから「あの下にいる山本が全部やってるんだろ！」となるんですよぉ（笑）。そういうことをあの人は広大にやるんですよ！

――サバイバルの知恵ですね。

山本　凄いですよ、あの人！

――杉山さんにとって、山本さんという存在は全局面で都合のいい男だったんですね。

山本　あっ、ひとつ大事なことを言い忘れた！　杉山さんが偉いのは、俺が1980年5月に入社したでしょ。その頃に朝日新聞に半5段の広告が出たんですよ。情報センター出版局が『私、プロレスの味方です』っていう本を出しますと。

――出た。

山本　情報センター出版局っていうのは、当時クマさん（篠原勝之）とか糸井重里とか椎名誠っていうサブカルブームを巻き起こした人たちの本をたくさん出していて、あるときに糸井さんに「プロレスのエッセイ本を出しませんか？」とオファーしたら、糸井さんが「俺は書けないけど、中央公論に村松友視っていうプロレスが好きな人がいるから、その人に頼んだらいいんじゃないの？」って紹介して、村松さんが2週間で『私、プロレスの味方です』を書いて出したんよ。その広告を見た杉山さんは、朝日新聞にプロレスっていう文字が躍ったことに興奮しちゃってねえ。直感で「これはこれから大変なことが起きるぞ！」と。そして俺に「すぐに中央公論に行って、村松ってどんな人間なのか見てこい！」って言ったんよ。それで俺がすぐに電話をかけたらさ、村松さんは文芸誌の『海』という編集部にいて、ちょうど校了日で大日本印刷に行ってると。

――出張校正に。

山本　それで俺はノコノコと大日本印刷に行ったんですよ！　そうしたら村松さんがこう言いましたよ。「どうせこの本を出しても業界からは無視されるに思っていたのに、キミが来たからビックリしたよ」って。それで話をしてみたら意気投合したんよ！

――おー！

山本　それ日以来、俺は村松さんと親しくなって、村松さんの奥さんとも電話をするようになってね。

——常に奥さんと電話をする傾向がありますね。

山本　それがのちの名物企画となったアントニオ猪木とのテーブルマッチに繋がるわけですよ。毎回テーブルマッチの取材に行って、あの禅問答のような会話を原稿に起こしていたのは俺ですよ！　めちゃくちゃ苦労しましたよ！　それを村松さんに送ってチェックしてもらってさ。あれはもの凄い重労働でしたよ。気も使うし。

——『私、プロレスの味方です』が世の出たのと、山本さんがベースボールに入社したのが同じ1980年。

山本　猪木さんも、自分の言いたいことを言語化して味方になってくれている村松さんのことを気に入っちゃってさ、舞い上がっちゃってるわけですよ。だからあるとき、猪木さんが「次は自分のマンションで収録したい」と言い出したんよ。猪木さんの自宅で取材なんて、東スポでもやったことないですよ！

——それは山本さんも興奮したでしょうね。

山本　しますよ！　それで俺はカメラマンを連れて行ったんだけど、カメラマンに「いいか、今日の取材はテーブルマッチだけど、こっそり部屋の中を撮れよ」って命令したんよ（笑）。まあ、一種の隠し撮りですよ。「今日はテーブルマッチなんかどうでもいいから、とにかく猪木さんの部屋を撮りまくれ」と。そうしたら途中で倍賞美津子さんが帰ってきたんよ。そこで「美津子さんは撮っちゃダメだぞ」と。

——山本さんもそこは分別がつくんですね（笑）。

山本　美津子さんのほうもわかっているので「ただいま」って帰ってきて、そのまま俺たちとは顔も合わせないで別の部屋に消えたんよ。あの人もプロですよぉ！　でね、その日のテーブルマッチが猪木さんのマンションでおこなわれたことを俺は誌面では一切載せてないんよ。

——えっ、なぜ？

山本　ずっと隠して取っておいたんよ。それを『週刊プロレス』創刊号で「本邦初！　アントニオ猪木の自宅訪問！」って記事にすり替えて出したんよ！

——ブッチャーに続き、またもやスペシャルストックを！（笑）。

山本　そんなの特ダネになるでしょ？

——山本さん、勉強になります！

山本　それを見た東スポがカンカンに怒ったからね！　「なんで俺たちでもやっていないことをやってるんだ！」ってね。でも俺はどうなろうとそんなことは知ったこっちゃないからさ。

「杉山さんはインフラ作りの名人で、俺はその中身をいちいち細かく作っていくタイプですよ！」

——強い。でも猪木さん的にはオッケーだったんですか？

山本　俺らの時代は団体とか本人にチェック機能なんてなかったんですよ。だから「なんでこんなふうに記事をすり替えて載せたんだ！」って誰も言わなかったもんね。

――やったもん勝ち、おもしろかったもん勝ちですね。いい時代だなあ。

山本　週刊化でやったことがもうひとつあるんですよ。試合レポートってあるでしょ。月刊のときは試合経過をダラダラと載せていたわけですよ。それを俺は「これ、つまんねえよな」と思っていて、どうしたらいいのか考えたんよ。それで「見開き2ページで上に試合の写真を載せて、下の1段に文章を入れていくのがいいな」と。

――右ページから縦書きでってことですよね。

山本　そして「試合レポートは試合の流れ以外のことも書いていい」という革命を起こしたわけですよ！　杉山さんはそれも気に入ってくれてねえ。

――文学青年同士ですからね。

山本　それ以降、試合レポートは全部その形になったんよ。「試合内容よりも、その試合を記者がどう見たか、どう感じたかを書くんだ」と。それは村松さんから学んだことですよ。ただ、それにも経緯があるんですよ。俺は途中入社だから週刊誌をやろうとしたときにやっぱり杉山さんは以前からいた古株の人を部下にしていたんですよ。それで俺はデラプロの担当ですよ。「山本さんはデラプロでいろいろ革命を起こしたんだから、引き続きよろしくね」ということで。

――最初は週プロのメンバーに入っていなかったんですね。

山本　そう。でもそれから2〜3週間経ったらさ、杉山さんが「ちょっと待てよ。いままでやっていた人間を参謀にしたら本が月刊誌のままになるな……」と不安になって、それはまずいということで直前になって担当を入れ替えたんですよ。

――やっぱり山本さんを入れようと。

山本　そうしたら『週刊プロレス』で杉山さん直属の部下になるはずだった人がデラプロ担当になったわけですよ。本人からしたらもの凄く心が傷つくわけ。だって、ぽっと出の俺がポーンと昇級して、これからメインになるところに行ったわけでしょ。たぶんその人は凄く傷ついたんだけど、杉山さんはそんなことは知ったこっちゃないわけですよ。自分の運命がかかってるから。「ここは山本を信用するしかない」みたいなさ。それでできてきた創刊号を見てみたら、勝手に猪木の自宅を出してると（笑）。

――勝手に猪木の自宅は公開するし、試合レポートなのに試合のことを書いていない。「これだ！」と（笑）。

山本　「やってよかった！」って杉山さんは叫びましたよ！（笑）。

――『週刊プロレス』っていうのは、杉山さんがすべてのフォーマットを作ったようなところがあるじゃないですか。でも、その世界観は山本さんと半々ぐらいですか？

山本　たしかにフォーマットは杉山さんが全部作った。俺はそれに魂を入れるというか。

――かっけえ……。

山本　俺は誌面に魂を入れてたんですよぉぉ！（笑）。
――杉山さんの作ったフォーマットを最大限に生かし、そして杉山さんの想像を超えていったというか。
山本　だから杉山さんはインフラ作りの名人なわけですよ。
――そこで山本さんは「橋を作るなら、こうしたほうがもっとカッコいいですよ」って。
山本　そうそう。「ここに電気を通そう！」とかね。俺はインフラの中身をいちいち細かく作っていくタイプですよ。でもそれは杉山さん、ベースボール・マガジン社っていうバックボーンがあったおかげで自分の脳力を発揮できたわけですよ。だってさ、新大阪新聞社の支社が京橋にあったって話をしたでしょ。
――東京支社ですね。
山本　そこにいた記者の松下さんが酒が好きでさ、東京に出てきた俺をよく新橋の焼き鳥屋に連れて行ってくれたんですよ。それで松下さんが俺にこう言ったんですよ。「山本くん、キミは『週刊ファイト』から東京に来た。そのキミの決断を井上編集長は認めてくれた。キミね、来た以上は絶対に編集長にならないとダメだよ」と。俺はそれを何回も言われたんよ。「ぽっと出の俺によくそんなことを言うなあ」と思って俺もビックリしたんだけど、「その言葉を言霊にして、将来実現させます！」って言ったんですよ。
――そんなふうに言われたら意識するようになりますよね。
山本　すっかりインプットされて、「俺は将来、編集長になるかもしれない」っていう刷り込みが働くでしょ。だからそういう必然とか偶然がめちゃくちゃ重なって、その後のターザン山本ができあがっていくわけですよ。
――井上編集長も「自分が編集長になったときに好きなことをやりなさい」という言葉をかけてますもんね。
山本　だからその大先輩からの2つのメッセージがさ、自分ができなかったことを俺に託したみたいなね、そういう感じがあるんだよね。「自分にはできなかったことを、もし可能ならキミにやってほしい」みたいなさ。井上編集長は大阪というマスコミ辺境の地の帝王だから、メインの東京に行った俺に対して「辺境の魂を持ったまま、メインで活躍してくれたらいいな」っていうメッセージもあったんだよね。そういったいろんな状況や思惑がもの凄く絡んでいって、その後の俺の運命を支配していくんですよ！

ターザン山本！（たーざん・やまもと）
1946年4月26日生まれ、山口県岩国市出身。元『週刊プロレス』編集長。
立命館大学を中退後、映写技師を経て新大阪新聞社に入社して『週刊ファイト』で記者を務める。その後、ベースボール・マガジン社に移籍。1987年に『週刊プロレス』の編集長に就任し。"活字プロレス""密航"などの流行語を生み、週プロを公称40万部という怪物メディアへと成長させた。

自分でトラウマだと認識しているものはトラウマのうちに入らないらしいよ! 稲妻!!

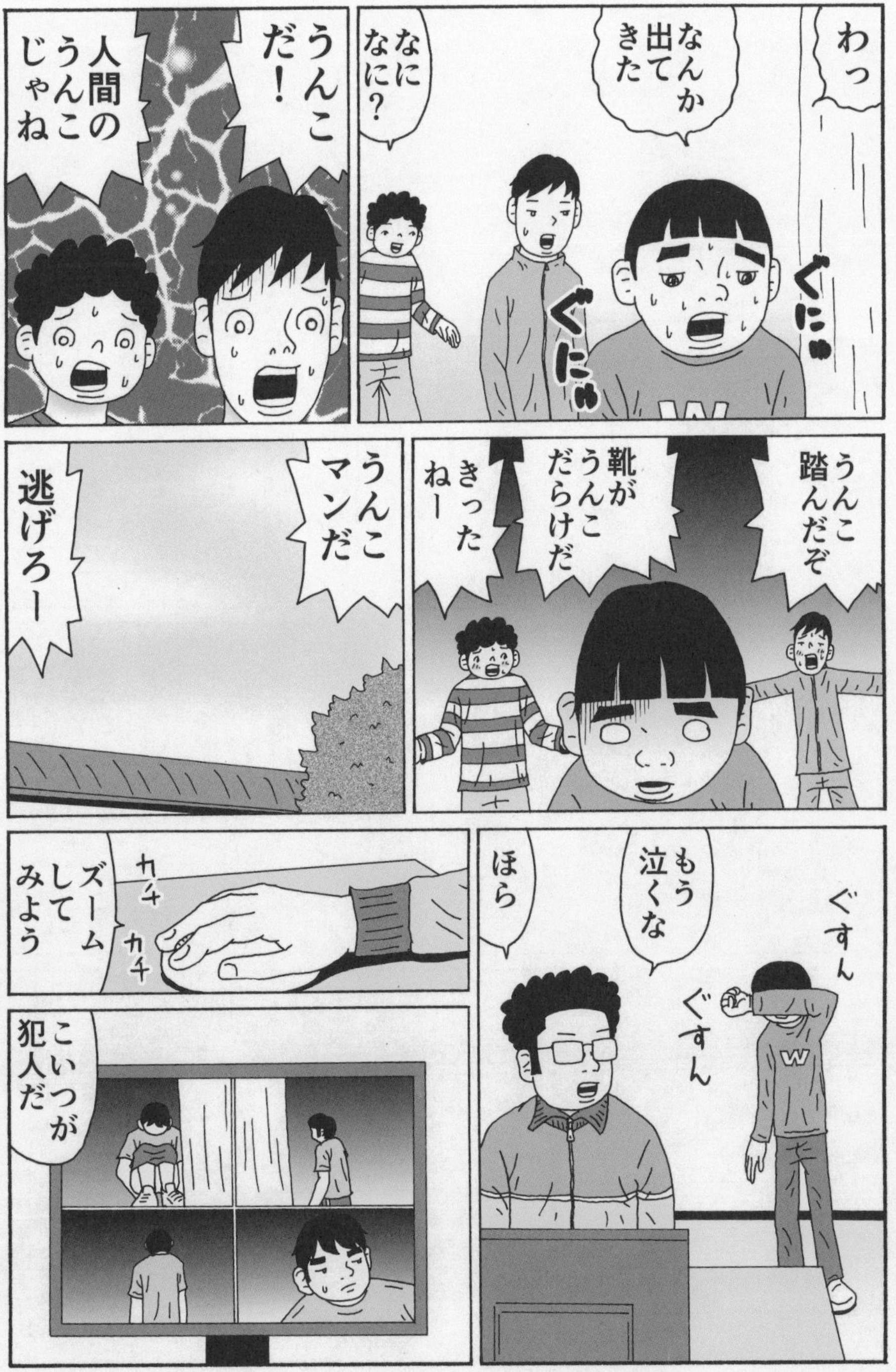
わっ
ぐにゅ
ぐにゅ
なんか出てきた
なになに?
うんこだ!
人間のうんこじゃね
うんこ踏んだぞ
靴がうんこだらけだ
きったねー
うんこマンだ
逃げろー
ぐすん
ぐすん
もう泣くな
ほら
カチ
カチ
ズームしてみよう
こいつが犯人だ

○月○日○時○分
この場所で大便遺棄事件が発生
しました。目撃情報がありましたら
こちらにご連絡下さい。
000-0000-0000
はあ
はあ
はあ
ちょっといいですか
はい？
○月○日○時あなたはここでうんこをしましたね
この写真あなたですね
ちょっ……ちょっと待ってくれ
逃げた
おい待て
ダッ
ひいいいいいいい

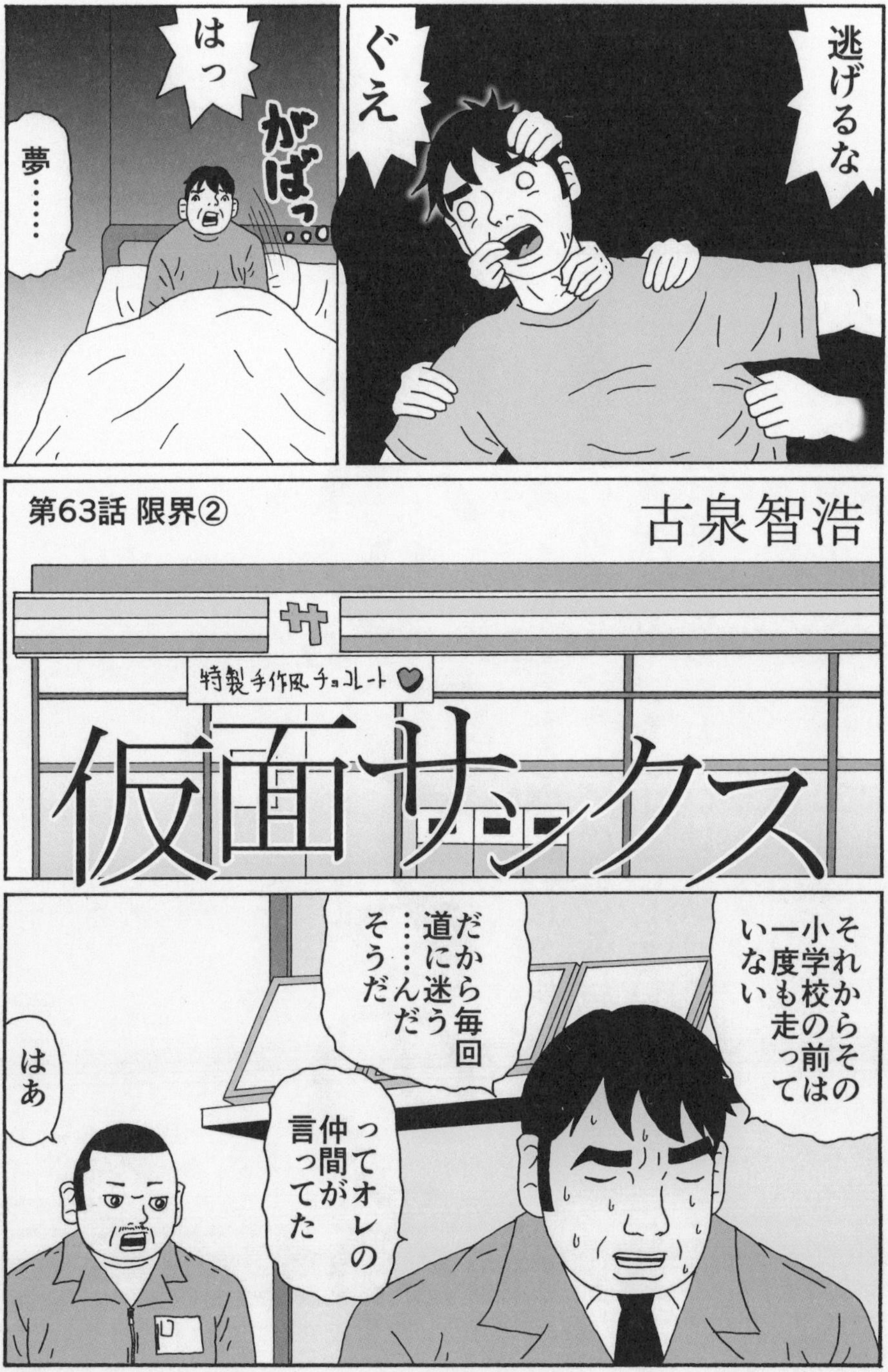
逃げるな
ぐえ
はっ
がばっ
夢……
第63話 限界②
古泉智浩
特製手作風チョコレート
仮面サンクス
それからその小学校の前は一度も走っていない
だから毎回道に迷う……んだそうだ
ってオレの仲間が言ってた
はあ

（つづく）

本誌連載コラム2本が人気のもじゃもじゃポリスマンは、なぜ〝軽さ〟を失ってしまったのか？

ビーバップみのる

［AV監督］

「軽い人って遠くで見てるから楽しいじゃないですか。近くで一緒に過ごしちゃうとその軽さが嫌になるから俺は人との距離を近づけないようにしていたんです。これから俺は何を積み重ねていけばいいんだろう？」

収録日：2020年1月20日
撮影：タイコウクニヨシ
聞き手：井上崇宏

Pretty

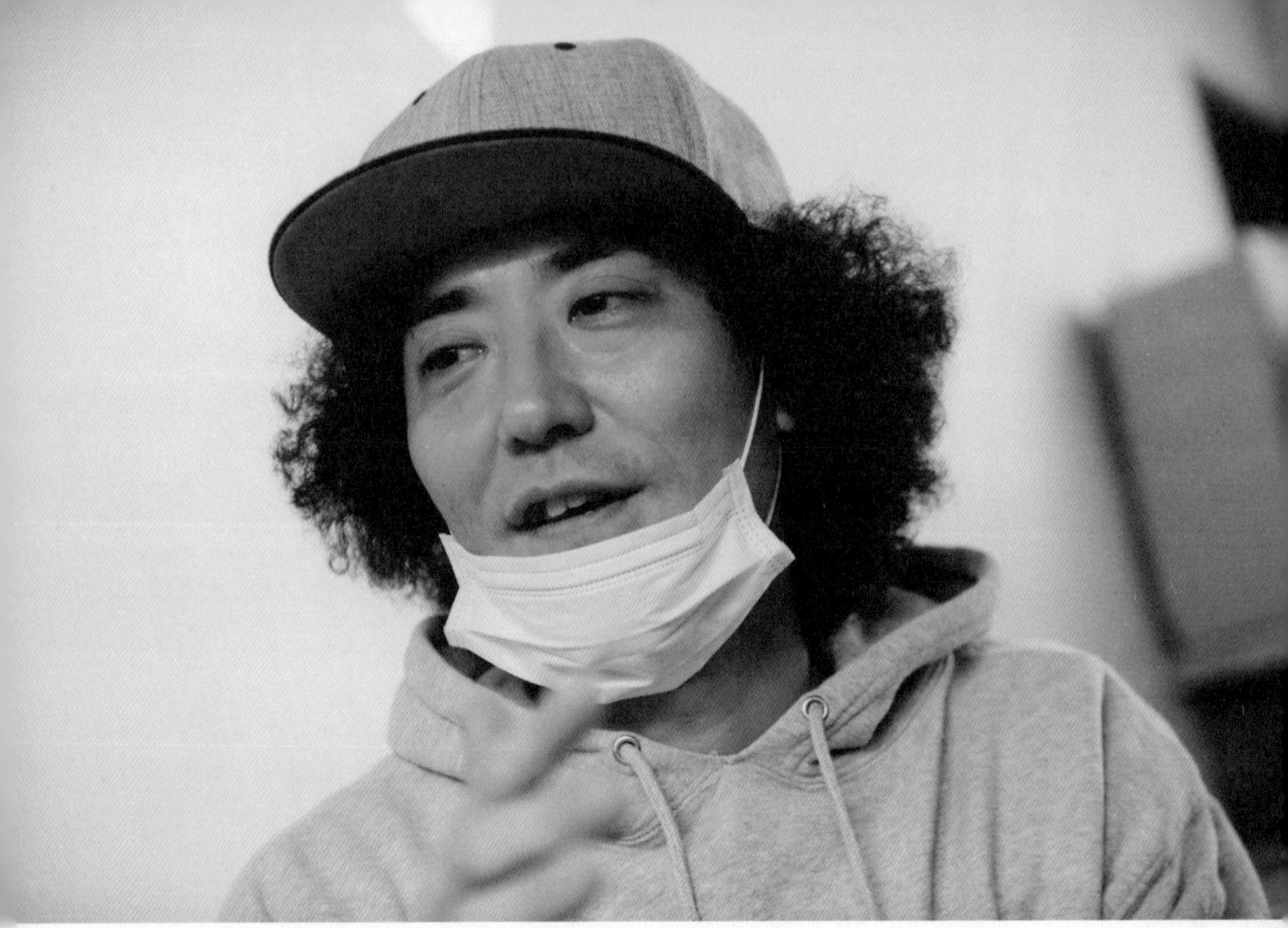

「俺の場合は好きなものがお金と女の人だったからAVの世界に入ったんです」

――いつも巻頭の『迷わずゆけば、その道の門番!!』とコラム（『もじゃもじゃタランティーノ』）を執筆していただいてありがとうございます。

みのる　いやいや、ありがとうございます。

――みのるちゃんはペールワンズ（『KAMINOGE』編集部）にはどれくらいいたんだっけ？

みのる　ええっと、8カ月か9カ月ですね。一昨年の夏くらいまでいて。

――あれ、1年もいなかった？

みのる　いなかったんですよ。あとで調べたら失業保険って1年以上在籍していないと下りないとか。

――1年以上なんだ。へえ、知らなかった。なんも知らない（笑）。

みのる　そうなんです。そこで「1年いなかったんだな、俺」と思って。

――辞めるときにそういうのがもらえるんじゃないかと思って調べたんだね。

みのる　そうですね。でも働いていて勉強になりましたね。

――ホントに？　なんか会社勤めが全然合わなかったね（笑）。

みのる　そうなんですよ。俺もある意味で何も考えないで生きてきてしまったんですよ。それで「たまたま好きなもの」ってみんなあるじゃないですか？　職探しとかも最初は好きなもので始まるわけで、俺の場合は「お金」と「女の人」だったんですよ。

――好きなものが。お金も好きなんだ？

みのる　最初は漠然とお金も好きでした。当時の若い頃だとマルイとかで遠慮なく買い物できるぐらいの収入があればいいなみたいな。だからお金と女で始まっちゃいましたね。強さとかにはまったく興味がなくて。

――強さってなに？　ケンカの強さ？

みのる　なんかその腕っぷしとか（笑）。そういうのへの憧れはなかったッス。プロレスは観てはいましたけど、そんな会場に行くとか熱狂するほうではなかったんです。小学校のときに同級生に双子がいたんですよ。ちょっとぽっちゃりした双子で高梨くんっていう。その弟のほうが凄く気が強いんですけど、お兄ちゃんのほうは性格がやさしいんです。それでドッジボールをやるときにいつもお兄ちゃんのほうがなぜかみんなにいじめられちゃうんですよ。

――的にされると。

みのる　的になっちゃうんですよ。でもそこで弟のほうは助けないんですよ。弟も一緒にお兄ちゃんにやるんですよ。そうなると弟のほうがワンパクで腕っぷしも強いし身体もデカイんで、みんなが弟派になるんです。でも俺はそこでなんかお兄ちゃんのほうを見ちゃうんですよ。

――ああ、わかるわかる。なにげないしぐさとかを追ったり。

みのる　そうそう。そうッスよ。

――ドッジが終わって教室に戻るときの表情を見ちゃうよね。

みのる　そうなんですよ。まあ、そこで声はかけないんですけど。だから強さっていうよりもそっちに目がいっちゃうんで。それでお金と女の人が好きっていうのでＡＶ業界に入るわけですけど、そこで水が合ったというか。あのー、最近ちょっと凄く「軽さ」がなくなってきちゃってるんですよ。

――自らに？

みのる　そうです。その軽さってなんだっていったら、ＡＶってちょっと軽いじゃないですか？　めちゃくちゃ軽いじゃないですか。

――それは知らなかったんだけど、みのるちゃんと付き合ってみて「軽いんだな」と思った（笑）。

みのる　そうなんですよ。俺は本来軽いんですよ（笑）。ただ女性っていうのとお金っていうのが両方満たされるＡＶをやっていて、いまずっとお付き合いしてる女性がいるんですけど、その方は経理とかのお仕事をやってるんですよね。全然そういう業界の人じゃないんで、最初は俺の軽さに距離も遠くて。軽い人って遠くで見てるから楽しいじゃないですか。

――そう、まさに。

みのる　だから近くで一緒に時間を過ごしちゃうとその軽さが嫌になるのって俺もわかるので、あまり人と距離を近づけないように、適度な距離で軽さを保つようにしていたんですけど、いまの彼女は長くお付き合いしていて好きにもなってたんで、表裏一体というか結局軽さをどんどん消していく、自制するっていうのが自分の中で生まれちゃったんですよ。それでもいきなりAVは辞められないんで、まずはパンツを脱ぐのをやめたんですけど。

「AVを撮ってるときはみんな裸でやってるから『おまえらだけ裸にはさせないよ』っていう気持ちではあったんですよ」

――監督だけやって、ハメ撮りはしないと。

みのる　そうなんですよ。「パンツは脱がなくても撮れるしな」っていうスタンスでやってたんですけど、なんか調子が出なくなっちゃったんですよ。女のコにも遠慮が生まれちゃうというか、自分自身にも「AVやってます！」みたいなノリが出なくなっちゃったんですよ。

――名実ともに軽くなくなったんだ。

みのる　それまでも毎回は脱がないんですけど「いつでも脱げるぞ」って気持ちでAVでやってたんで、もし男優さんがダメだったら「いいよ、いいよ。俺がハメ撮りするから」みたいな。それがなくなっちゃったんで、なんか消極的になっちゃったんですよ。

――疎外感が生まれたというか。

みのる　やっぱAVってみんな裸でやってるから、そこで「おまえらだけ裸にはさせないよ」っていう気持ちではあったんですよ。服を着てカメラを回してる側でも、モニターの前に座っていても「俺も同じですよ」「軽いですよ」「あまり深く考えないでいきましょう！」みたいな。でもその軽くないオーラを自分で出し始めちゃったことで、そういうのってまわりに伝染するじゃないですか。それってよくないじゃないですか。キャバクラで説教するオジサンじゃないですけど「じゃあ、なんでおまえ来てるんだよ！」みたいな。そういう調子が落ちちゃっていたタイミングでペールワンズの澁澤くんと仲良くしてたので。

――「俺、軽さがなくなっちゃった」っていう話をしたんだね。

みのる　そうなんです。「AVはちょっと休もう」みたいになってたんス。

――そこをこっち側の視点で振り返ると、澁澤くんが「井上さん、人を入れたいならビーバップみのるさんはどうですか？」って言ってきて。「えっ、なんでなんで？」って聞いたら「いや、ちょっとAVを辞めて普通の会社勤めをしたがってるんですよ」って。俺は正直ビーバップみのるのことはあまりよく知らなかったんだけど、『テレクラキャノンボール』を観たときに「この人、身体のフォルムがカッコいいな」っていう印象はあったんですよ。

みのる　ああ、よかったです。

――ちょっと肉づきが柔術やってるブラジリアンっぽいじゃん(笑)。

みのる　リーチが長いですからね。

――具体的に言うとエベンゼール・フォンテス・ブラガに似てるんだけど、「これはいい筋肉をしてるな」っていう印象があって、「向こうが入りたいってことなら全然会うよ」ってことで1回会ったじゃん。そのときにやっぱ「ちょっと軽いな」っていうのはありつつも、澁澤くんがこれだけプッシュするならマッチするのかなと思って入ることになったじゃん。それで映像の仕事もやっていきましょうみたいな。でも、みのるちゃんは「いや、どっちかっていうと活字がやりたい」って言ってて。

みのる　そうっスね。

――だけど意外とうまくいかなかったじゃん(笑)。活字というかインタビューが。

みのる　いかなかったですね。

――その言い訳もひどくてさ、「カメラを持ってないとうまくしゃべれない」って(笑)。「ああ、そういうこと言うんだ……」と思って。

みのる　そうですよね。すみません。

――いやいや、もういいんだよ。終わったことだから(ニッコリ)。

みのる　そうですよね(ニッコリ)。

――終わったことだからもうなんだっていいんだけど、当時の

ことをありのままで言うと、やっぱ時間を守れない、打ち合わせに寝坊する、取材に遅刻する、頻繁に物を失くすってことが毎日のようにじゃん。

みのる　そうですね。

――俺はホントにそれが恐怖だったの。

みのる　あー。

――「こんなヤツがいるんだ!?」と思って。で、そのたびに「うわ～すいません」とかって言うんだけど半笑いじゃん（笑）。

みのる　たぶん、そこでの重さが俺はわかんなかったんでしょうね。恐怖というのは文化がちょっと違うなと？

「『その道の門番』を書いているうちに『こんなことよりも俺の人生をどうしていくんだ』ってなるんですよ」

――文化が違うってことなのかな？　でもそこで「こんな社会性のない人間を抱えた俺」みたいな謎の優越感も数パーセントあるんだよ。「このだらしない男を自分の会社に抱えてる俺、ちょっと強いんじゃないか？」みたいな（笑）。

みのる　はいはい。

――だから「こっちが歩み寄るというか折り合いをつけていったほうが俺もカッコよくなれるのかな？」みたいな。

みのる　でも1回、言われましたよね。「ずるいでしょ、おまえは」って。「本来は俺がそういうだらしないキャラなんだよ。でもおまえがいることで俺はだらしないキャラができなくなるんだ」って。

——憶えてる！（笑）。俺、真顔で言ってなかった？　オコだったでしょ？

みのる　オコでした（笑）。

——言った記憶がある。「本来俺は人を怒ったりする立ち位置にはいたくないんだよ」みたいな。

みのる　だって井上さんも本来は「まあまあまあ」とか「またまた～」って言われるほうですもんね。羽目を外すほうですもんね。キレンジャーが2人いたらまずいですよね（笑）。ちょっと話題を変えるんですけど、井上さんは俺のことをある程度知っているわけじゃないですか。俺って何が向いてますかね？

——ちょっとそれ、あとにしていい？（笑）。

みのる　ああ、そうっスね（笑）。

——それでお互いなんとなくうまくいかない感じで過ごしてきていたときに「あのー、お話が」ってきたから「辞めるの？」って聞いたら「へい。ウヒョヒョヒョヒョ～」って（笑）。

みのる　いや、そんな笑ってないっスよ（笑）。

——笑ってたよ！（笑）。「合わなかったっスねえ。ウヒョヒョ」みたいな。もう言った瞬間に晴れ晴れとしちゃってたもん。でも言われたほうは5秒で晴れ晴れとしないからね。「ああ、辞めるんだ……」みたいな。っていうのがありながら、やっぱその最中はわかんないけど、辞めていってしばらく経つと「俺も悪かったのかな」とかさ、あるじゃん。当然人間だから。「俺のほうももっとうまい対応の仕方があっただろうな」って。だから前にも言ったと思うけど、ウチに来ちゃいけなかった。AV監督をやってるときに知り合っていれば凄く友達にもなれただろうし。

みのる　あー、そうっスよね。

——だからいまもコラムを書いてもらったりしてるけど、編集部にいたら「ここ意味がわかんないんだけど。すぐ書き直して」ってなるところを、みのるちゃんはもう外部のフリーの人だから「ちょっとここの意味がわかりづらくない？」「あー、わかんないスか。直してみまーす」っていう感じでいけてるじゃん。やっぱ最初っからこの関係性がよかったんだよって思って、ホントに『その道の門番』と『もじゃもじゃタランティーノ』は毎回おもしろいし。

みのる　あっ、ホントっスか？　ありがたいっスねえ。ウヒョヒョヒョヒョ～。

——もう「ウヒョヒョヒョヒョ～」が心地いいもん。ただ締め切りを絶対に守れない。

みのる　そうですねえ、なかなか門が開かないんですよ。コラムはまだいいんですけど、『その道の門番』は単純に俺の状況が変わってきちゃっていて、いまFXのチャート画面ばっか見てる生活なんですよ。だから俺自体がちょっと定まっていないのに、門番の人たちはそれなりにやってきた人なので……。

――合わせる顔がない？（笑）。

みのる　そうっス。「そんなことより俺は俺のことを考えないと」っていう気持ちになっちゃうんですよ。原稿を進めていくとまとまってはくるんですけど「こうやって人の人生をまとめてる場合じゃないんだよ、俺は……」っていう気持ちがちょっとあって。しかも俺もしゃべりすぎちゃうんで、取材だってことを忘れて雑談しちゃうから文字起こしがまた長くて、それをやってるうちに「こんなことよりも俺の人生をどうしていくんだ」「俺は何を積み重ねていけばいいんだろう」っていう。いまはその積み重ねたものがない状態なんで。

――でも言ってることはわかる。

みのる　そこで自分も積み重ねていたら「楽しくやってますね！」みたいになれると思うんですけど、積み重ねた人を前にしてしまうと、どうしてもいまの俺の精神状態だと……。だって俺ももう44ですから。「44にして何も積み重ねてないぞ」ってなっちゃってんですよ。

「俺は『もう修行とかしたくない』ってなってるんですよ。『これは修行だから』って思い込むことではもうごまかせないんですよ」

――でもＡＶの世界ではひとかどの男ではあるんでしょ？

みのる　いやいや、いまはちょっとそうではないです。開店休業ですよ。

――FXはうまくいってるんでしょ？

みのる　いや、だからレベルが違うんですよ。何億円も動かすようなノリじゃないですから。

――今回のコラムによると、数カ月は仕事しなくても食っていけるくらい儲かったみたいな。それっていくらぐらい？

みのる　100万くらいっスよ。

――凄いじゃん。

みのる　いや、そんなのはすぐなくなりますから。

――アメリカとイランが緊張関係になったどさくさで100万儲けた？

みのる　そうです。たまたま売りを押したらそっからダーッと下がっていったんですよ。そうしたらニュースで「イランは戦争をする気がない」みたいなのをやってたんで買いにしたら、ダーッと上がっていまもずっと上がり続けてるんですよ。ただ、そんなのはたまたまのアレですから。ホントはみんな勉強をして、通常で稼ぎ続けるみたいな感じですから。

――継続性ね。

みのる　こんなの続かないですもん。

タイコウ　凄い、100万……。

――カメラマンが顔色を変えちゃってんじゃん。「もっと詳しく聞かせてくれ」って（笑）。

タイコウ　それはホントに押すだけでいいの？（笑）。

みのる　元のお金は用意しなきゃいけないですけどね。

――タイコウさん、それあとでやって（笑）。やっぱり俺にはみのるちゃん憧れっていうのがちょっとだけありますよ。

みのる　どういうことですか？

――漠然と「こういう生き方もあるんだなあ」みたいな。これで本人が幸せじゃなかったら話が違ってくるんだけど。

みのる　いま俺はその狭間にいるんですよ。みんなそうだと思うんですけど、どっかで指針を合わせていく部分ってあるじゃないですか？　俺はその指針をいまの彼女に合わせていったんですよ。ただ、いまの俺は全然楽しいことをしていないし、軽いことをしていないので彼女に楽しい話が全然できなくなっちゃったんですよ。

――彼女に合わせたことで、彼女におもしろい話をしてあげることができなくなったんだ。

みのる　そうです。そんなときにFXをやることでなんとか心が持ち直したんですよね。いやあ、俺はこれから何をやっていったらいいんだろうなあ……。

ビーバップみのる（BEBOP MINORU）
1975年11月9日生まれ、東京都出身。AV監督。
2003年11月に『僕のやさしいママになってください。友田真希32歳』でAV監督デビューする。2017年頃に数か月『KAMINOGE』編集部のあるペールワンズに所属していた。

――結婚はしないの？

みのる　結婚もしたいんですけどね。

――あと自分の中で思うのは、たとえばビーバップみのるのような人種と出会って、どういう対応をしていくのが正しいのかとか、どういう付き合い方をしたらうまくいくのかって思うわけだけど、なんかもうそうやって自分を試されたくないんだよね。わかる？

みのる　ああ、わかります。

――それがうまくなってどうすんだっていうか、べつに考えなくてもいいことだよなっていう。

みのる　そうですよね。なんか若いときって苦しいことがあっても「まあ、これも修行だ」って思い込むことでどうにか保ってるじゃないですか。いま俺もたしかに「もう修行とかしたくない」ってなってるんですよ。なんか「これは修行だから」って思い込むことではもうごまかせないんですよ。

――「いまはまだこれに耐える時期だから」とか。そんなわけないからね。

みのる　そうです。それでごまかせないんですよ。そんなの嫌なんですよ。

――たしかに。でも俺らがこんな歳でそう思ってるのはめちゃ遅いと思う（笑）。

みのる　そうですよね。30代で気づいた人はピシッとこう「もう嫌だから」って言えるんでしょうね。

――だからもう、やりたくないことはやりたくないってことだよね。

みのる　そうそう。そうっス。

――歳をとればとるほど、やりたくないことはやりたくないよね（笑）。いろんなスキルが身についてきて「なんでもやりまっせ～」ってほうにはならないっていうか。

みのる　そうです。どんどん狭くなってきました。だからもう締め切りに追われるような生活はそろそろ……。

――なるほど……!!（笑）。

みのる　もっと彼女と遊ぶ時間を増やしていきたいっス（ニッコリ）。

Pretty

第27回 山手線の駅と駅の距離でいちばん短い区間

ビーバップみのる

ビーバップみのる
(びーばっぷみのる)
1975年生まれ。AV監督。

年が明け、初詣に行ったら財布を落としてしまった。お参りしたその日に財布を失くしてしまった。〃そんなこともあるんだなー〃と思うしかない。

〃そんなこともあるんだなー〃といえば、昔、お付き合いしていた女性に「鼻を整形したいけどいいかな?」と言われたことがある。「目を整形すると印象が凄く変わりそうで複雑だけど、鼻はいいんじゃない」みたいな返答をした。数日後、手術を終えた彼女から鼻全体に布が貼られた痛々しい顔の写メが送られてきた。電話で折り返したら「腫れが引くまで2週間くらいかかるからそれまでは会いたくない」と言われた。

2週間後、彼女の鼻は以前より少し高くシュッとしていた。違和感は感じたがすぐに見慣れると思ったし、なにより不安そうな表情をしていたので「可愛くなってよかったね」と伝えた。数カ月が経ち、お互い整形した鼻に馴染んだ頃に「なんか変化あった?」と聞いてみたら「うーん、鼻の中の匂いを感じる線みたいなのが切れたみたいで、前より匂いを感じないから味覚が薄くなった気がする」と言われた。そんなこともあるんだなーと思ったので「へー」と伝えた。

〃へー〃といえば、大学2年のときにお付き合いしていた女性がエッチをするたびに私の精子を飲みたがる方だったので「精子ってどんな味なの?」と聞いたら「ヒラメのエンガワみたいな味だよ。たまに黒糖みたいに甘いときもあるけど」と言われたので「へー」と伝えたことがある。

繰り返しになるが〝ヘー〟といえば、いちばん最近だと去年の11月に言った。先ほどの〝ヘー〟とは種類が違う〝ヘー〟なのだが、よく行く中華料理屋のマスターに「山手線の駅と駅の距離で一番短い区間はどこだと思う?」と聞かれた。マスターは〝この豆知識わからないだろ! 知りたいだろ!〟という表情だった。私が「ヘー」と感心する姿を期待している気配をビンビンに感じたのだが、私は「日暮里と西日暮里区間がいちばん短い(約500メートル)」という豆知識をたまたま知っていたので「正解したら餃子奢ってくださいよ!」とマスターを煽った。厨房から身を乗り出したマスターから「いいよ!」と笑顔が返ってきたので、しばし考えるそぶりを見せてから「東京駅と有楽町区間でしょ!」と答えた。マスターはニコニコしながら「ブー! 正解は日暮里と西日暮里区間でしたー。残念!」と言ってきた。私が「日暮里と西日暮里区間かー。ヘー!」と残念がった表情で答えたと同時にほかのお客さんが入ってきたので会話が終わった。

餃子を奢ってほしいわけではなかったのでどうでもよかったのだが、その日の私は「日暮里と西日暮里区間」と言えなかったことが急に気になった。自己分析すると、私は女性のご機嫌を窺ってお金に変える時間を長く過ごしてきたので「東京駅と有楽町駅区間」と言ってしまうカラダになっているのだと思う。「東京駅と有楽町駅区間」と言ってしまう時間をかなり過ごしてきたことを急に自覚してしまった。自覚してしまったので今後は「東京駅と有楽町駅区間」と言う自分に冷めてしまう気がする。

そもそも「山手線でいちばん短い区間は日暮里と西日暮里区間」という豆知識を私が知らなければこんなことを考えないのだが、歳を重ねると豆知識と経験が増えてしまうからしょうがない。ちなみに山手線でいちばん距離が遠い区間は品川・田町区間(約2・2キロ)らしいが、真ん中に高輪ゲートウェイ駅ができるのでこの豆知識はもうすぐ古くなる。

豆知識と経験が増えたところで働かなければいけないのだが、できれば働きたくないので12月、1月と家にこもってFXトレードをひたすらしてみた。12月はトントンの収支で終わったのだが、1月中頃に入ってアメリカ、イランの緊張状態を引き金にしたドル円の暴落と暴騰の波に乗れたので3カ月くらいはAVを撮らなくても生活できる臨時収入ができた。ありがたいことだが、歩きスマホでお金の値動きをチェックしながら初詣に行ったらどこかで財布を落としていた。しかし、年始の願いで「FXトレードで稼げますように」と願っていたので願いは叶った。そんなこともあって今年はまだ1本もAVを撮っていない。

このまま順調に稼げればラーメン屋のマスターに「日暮里と西日暮里」と言っちゃう人間になることでしょう。FXで順調に稼げなければこれからも「東京駅と有楽町区間」と言い続けるでしょう。

そんな感じで私の2020年は始まりました。

ご挨拶が遅くなりましたが、あけましておめでとうございます。

1/16

マッスル坂井と真夜中のテレフォンで。

構成：井上崇宏

「長州さんみたいな昭和レジェンドがYouTubeをやるのはそれはそれで新しいんで全然アリだと思うんですよ。おや？　これはライガーさんもYouTubeをやるんじゃないですか？」

「井上さん、人からワクワク楽しそうなことを頼まれなくなってきてるんじゃないですか？」

坂井　今月の入稿は何日ですか？

——1月21日です。いつも直前で焦るから通常よりも1～2日早く電話をしてしまいました。

坂井　俺のほうは『まっする』が1月27日ですよ。あと10日だからヤバイんですよね。チケットだけ完売していて、まだ台本を1行も書いてないんですよ。それで今日もずっとモヤモヤしてて。

——すみません、そんなときに。

坂井　いやいや。ちょっと自分を過信してましたね。でも厳密に言えばあと11日だから「ってことはあと1日あるか」って思って。

——「あと10日」まで「あと1日」(笑)。でも、こういう生活を送っているとリセットするタイミングがいっさいないでしょ？　次から次へと何かしらの締め切りが待ちかまえていて、なんか自分をリセットするというか、「今年はこんなことをやってみたい」みたいなことを考える時間もないですよね？　でも『まっする』は新しいことなのか。

坂井　いや、全然気持ちが切り替わらないですよ。でもね、俺は新潟に戻ってきたときの最初の1～2年で強制的にリセットしすぎたんですよ。わざわざ引退っていう感じで新潟に帰ってきて、ちゃんと夜寝て朝起きるって生活に切り替えてみたときのあのしんどさ。あの何も起こらなさっていうのはめちゃくちゃ怖かったですね。

——そういうもんなのか。でもひさしくないわ、そんな期間。

坂井　いや、井上さんは2015年にフィラデルフィアにプロレスを観に行ったときなんか、だいぶリセットして帰ってきたじゃないですか。

——たしかに。あのときは海外プロレス初観戦で、いわゆるオーバー・ザ・フェンス理論ですよ。海を渡ると心がリセットされるっていう。

坂井　海を渡るとリセットされるのか。

——昔、沖縄プロレスを観に行ったときもだいぶアガったもん。「うわ、プロレスって超楽しい！」と思って。

坂井　なるほどね。でも、いまリセットしたら俺は終わりますからね（笑）。

——だから入稿日の21日が俺の誕生日で、今度48歳になるんですけど。

坂井　まだ48なんですか？　もう50くらいかと思ってた（笑）。

——わかる。俺もそう思ってた（笑）。そう感じさせてしまうくらい劣化が激しいですよ。なんかワクワク楽しいことがなかなか思いつかないというか。

坂井　で、「井上さん、ちょっとこんなのやりませんか？　お願いしますよ」とかって人からワクワク楽しそうなことを頼まれなくなってきてるんじゃないですか？

——あっ、言われない！

坂井　前はもうちょっといろいろと頼まれたり、相談されたりしていたんじゃないですか？

——してた！　えっ、なんでなんで？（笑）。なんで相談されなくなったの？

坂井　なんでしょうね、時代に合ってないのかもね（笑）。

——わかるわかる。自覚はある（笑）。

坂井　だって『ＫＡＭＩＮＯＧＥ』とかでのインタビュー能力があったら、本来はもうちょっと「一緒にＹｏｕＴｕｂｅやりましょうよ！」とかあっていいし、ＡｂｅｍａＴＶとかにも出てるなずなんですよ（笑）。

——まったくないわ、その願望が（笑）。

坂井　もう5歳若ければ、もっと人前に出る仕事をやって然るべきだったんですよ。

——いや、奇しくも話題がリンクしてしまったんですけど、今号の巻頭インタビューで長州力さんがね、「山本、俺がツイッターで終わる男に見えるか？」と言ってました。

坂井　おっ？（笑）。

——長州さん、ＹｏｕＴｕｂｅも始めるんだって（笑）。

坂井　ワハハハハ！　ああ、わかる。やっぱ去年ぐらいから、おじさんたちが過去のテレビ番組とかのアーカイブを観るためのＹｏｕＴｕｂｅじゃなくて、ユーチューバーのＹｏｕＴｕｂｅチャンネルを観るようになってるんですよ。

——俺もそうですよ。それで長州さんから「山本も手伝え」と言われたのがインタビューのオチになってるんですけど（笑）。

坂井　なんだよ、時代に合ってるじゃないですか（笑）。

――いや違う、俺は昭和の人たちと合ってるんですよ（笑）。

坂井　じゃあ逆に言うと、井上さんは新人レジェンドのほうに入ったんですね。レジェンド枠の最後尾にいまつけたってことですよね（笑）。現役というよりもレジェンド枠のいちばんの若手というか。

――たしかにたしかに。それだ。

坂井　俺、もうちょっとその背中は追いかけないようにしますわ。いますぐには追いかけないですよ、俺は（笑）。

――見ないで。放っておいて。絶対に俺の背後には回らないで（笑）。

坂井　うん。もうちょっと踏ん張らせてください（笑）。

「いやもう、長州さんは野放しにしておいたほうが絶対おもしろいですよね」

――たしかにおっしゃる通りですよ。だから俺もいろいろと昭和でやるべきなんだろうなと思ってます。時代に寄り添いつつも。

坂井　そうですね。

――現代を生きながらも、現代流のやり方は踏襲しないというか。

坂井　でも長州さんみたいな昭和レジェンドがやると、また1個新しいんで全然いいと思うんですよ。レジェンドクラスというかおじいちゃんユーチューバーだったらそれで全然アリなんですよね。

――そういうセオリーを学びつつも全然違うことをやるっていうのは、『マッスル』じゃないですか。

坂井　そうです、そうです。まさにいまも2時間くらいそのことだけを考えてましたよ。新しい『まっする』に向けて。

――だから長州さんがＹｏｕＴｕｂｅをやる意味みたいなことをぼんやりと考えてみたんですけど、まさか朝倉未来がやってるようなことを長州力がやったってしょうがないでしょ。

坂井　『水曜どうでしょう』の新作を観たほうがいいですよ。いやね、超人気番組の新作ということでめちゃくちゃ期待値のハードルが上がっていて、出演者たちのポジションも昔とは比べものにならないくらい上がっちゃている中で、大泉洋さんなんて前は新進気鋭のローカルタレントだったのに、いまや日本一の俳優じゃないですか？　ドラマとか映画の主役だけやっていればいい人になっちゃってるのに、それがいまさら原付で日本一周とかできないじゃないですか。田舎なんて『水曜どうでしょう』のステッカーを貼ってあるクルマがバンバン走ってるし、海外を旅するにしても、たとえばアフリカとかに行こうものならちゃんとしたコーディネーターにスケジュールを組んでもらわないとダメじゃないですか。あの人たちはもうローカルじゃないですし、これだけ有名になっちゃったら街中でゲリラ撮影だってできないじゃないですか。

――そうですね。

坂井　そんな状況で「どんなふうに新作を作るのか？」ってみんなが注目していたわけですよ。いまちょうど2週に1回くらいずつ北海道で放送されているんですけど、その答えの出し方がホントに凄くて。内容はネタバレになるから言えないんだけど、日本中のみんながヒザを叩いて「なるほどね!!」っていう。あの番組ってもともとやっていることとか企画的にもユーチューバーっぽかったわけじゃないですか。『原付で旅をしてみた』『サイコロで○○してみた』『○○で料理を作ってみた』とかっていう企画だったわけで。しかも、この1~2年くらいで番組のディレクターの人とか演出の人とかも実際に自分がユーチューバーになることによってチューニングしてきたんですよね。

――なるほど。

坂井　もともとYouTubeっぽいやり方だったのに、実際に自分たちでもYouTubeをやってみて、SNSにも触ってみたりとかいろいろとやった結果、いざ大泉洋さんをカメラの前に座らせてやってみると、どのユーチューバーよりもおもしろいんですよね。やっぱり大泉洋さんはもともとテンポが速いから、間もなく話せるので凄くいいんですよ。でもまあ、長州さんはテンポとかはまったく気にしないほうがいいですよね（笑）。

――長州さんはツイッターもあれだけ使い方を間違ってるんだから、YouTubeもおもいっきり間違ってくれたほうがおもしろいんだろうなとは思ってて。

坂井　間違ったほうがいいですねえ。

――だって吉幾三とアメリカのオーディション番組のマッシュアップ動画を観て、感動してるんだよ。「言語は違えど伝わるんだな」って。

坂井　あー、すげえ。めっちゃおもしろいっスね！（笑）。

――めっちゃおもしろいでしょ。「やっぱ長州さんはすげえ！」と思ったし、これまで「なんでお年寄りたちはオレオレ詐欺みたいなのに引っかかっちゃうんだよ？」と思ってたけど、ああ、こういう感じなのかと思って（笑）。でも今日はちょっといい言葉をもらったな。

坂井　なんですか？

――昭和の最後尾（笑）。

坂井　ああ、そっちね（笑）。

――昭和レジェンドたちにとってのヤングライオンでしょ？（笑）。

坂井　そう（笑）。

――レジェンドたちの付き人だよね。そう自分を設定したらなんか見えてきたな。

坂井　見えてきましたね。

――頭の中がスッキリした！　ありがとう！

坂井　そしてそこにはね、また大きな草原が広がってますよ。ブルーオーシャンでもレッドオーシャンでもなく、草原が。

――そうですね。なんか若いことをやってやろうとしないことだよ、俺は。

坂井　長州さんから見たら、井上さんはいろんな若い人のカルチャーを知っている若手のおじさんなんですから（笑）。長州さんがいま20代のユーチューバーと直接しゃべっても意味がわからないけど、井上さんがそこを繋ぐ役なんですよ。

――まあ、基本的には私ががっつりと関わってどうこうやるんじゃないんですけどね。

坂井　いやもう、野放しにしたほうがおもしろいですよね。おや？　ってことは当然、獣神サンダー・ライガーさんなんかもYouTubeをやろうとかって考えていますよね？

――ああ、たしかに（笑）。

坂井　予想ですけど。ゴジラのフィギュア作りから、食虫植物の育て方、インスタントラーメンのアレンジ……。井上さん、すぐにライガーさんにも会いに行ったほうがいいですよ（笑）。

どんな状況でもふざけて
笑っていられる"ヤツ"がいちばん強い!!

次号KAMINOGE99は2020年3月6日(金)発売予定!

KAMINOGE 98

2020年2月16日　初版第1刷発行

発行人
後尾和男

制作
玄文社

編集
有限会社ペールワンズ
(『KAMINOGE』編集部)
〒154-0011
東京都世田谷区上馬1-33-3
KAMIUMA PLACE 106

WRITE AND WRITE
井上崇宏
堀江ガンツ

編集協力
佐藤篤

アートディレクション
金井久幸 [TwoThree]

デザイン
TwoThree

カメラマン
タイコウクニヨシ
橋詰大地

編者
KAMINOGE 編集部

発行所
玄文社
[本社]
〒107-0052
東京都港区高輪4-8-11-306
[事業所]
東京都新宿区水道町2-15
新灯ビル
TEL:03-6867-0202
FAX:048-525-6747

印刷・製本
新灯印刷株式会社

本文用紙:OK アドニスラフ W A/T 46.5kg

TRYIN' to GET OVER

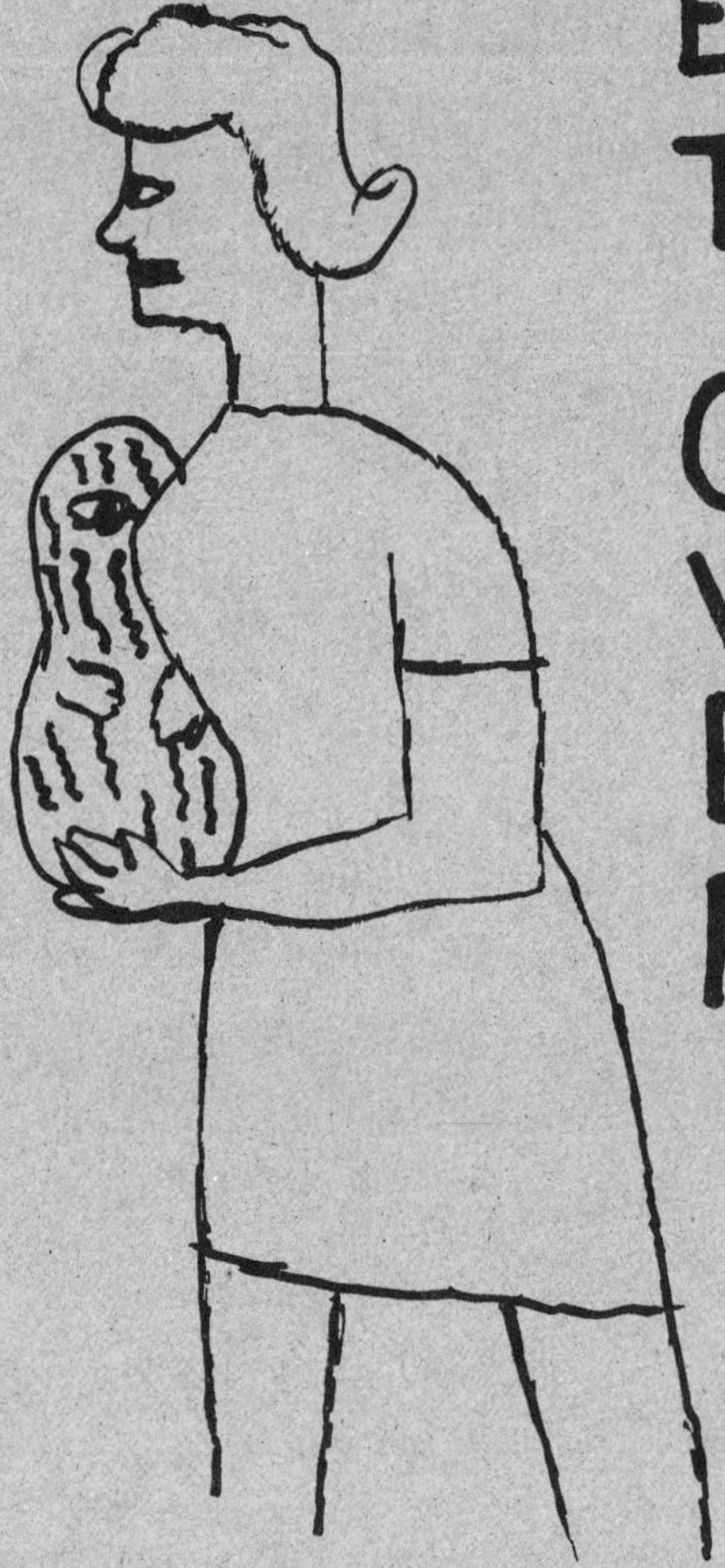

9784905937272

1920075012007

ISBN978-4-905937-27-2
C0075 ¥1200E

定価（本体1,200円＋税）